A. H.

›Die Karikatur war stets auf der linken Seite der Welt.‹ Als Adolf Hoffmeister, sicher ein wenig großzügig, 1934 diese Zeilen im Vorwort zum Katalog der I. Internationalen Karikaturenausstellung in den Räumen des Vereins Bildender Künstler Mánes in Prag schrieb, hatte er jedoch einige Berechtigung dazu. Denn die Ausstellung in ihrer Gesamtheit und der Großteil der internationalen Karikatur der dreißiger Jahre drückte tatsächlich ›klar aus, daß unsere gesamte und die gesamte Weltkarikatur auf diesem linken Ufer sind. Auf dem anderen Ufer sind die Karikierten‹ – die Faschisten, die Kriegstreiber und Henker, ihre Hintermänner und ihre Mitläufer.

SCHIFF DES KOLUMBUS

ADOLF HOFFMEISTER

KARIKATUREN COLLAGEN ILLUSTRATIONEN

Herausgegeben
von Harald Olbrich

Eulenspiegel Verlag
Berlin

Léon Pierre Quint

Die tschechischen Karikaturisten zeichnen den Ministerpräsidenten Hodža (A. Hoffmeister, A. Pelc, F. Bidlo)

Auguste Perret

Kreis der tschechischen Poesie (J. Seifert, J. Hořejši, F. Halas, V. Nezval)

Voskovec + Werich vor Europa-Karte im Jahre 1932

Europa-Karte im Jahre 1937 (für Voskovec + Werich gezeichnet von AH)

Philippe Soupault mit Frau und Léon Pierre Quint zum ersten Mal in Prag

Illustration zu: Jonathan Swift, Gullivers Reisen

Pablo Picasso

Pablo Picasso malt ›Guernica‹

Wsewolod Meierhold und seine tschechischen Bewunderer (Dostál, Honzl, Burian, Frejka)

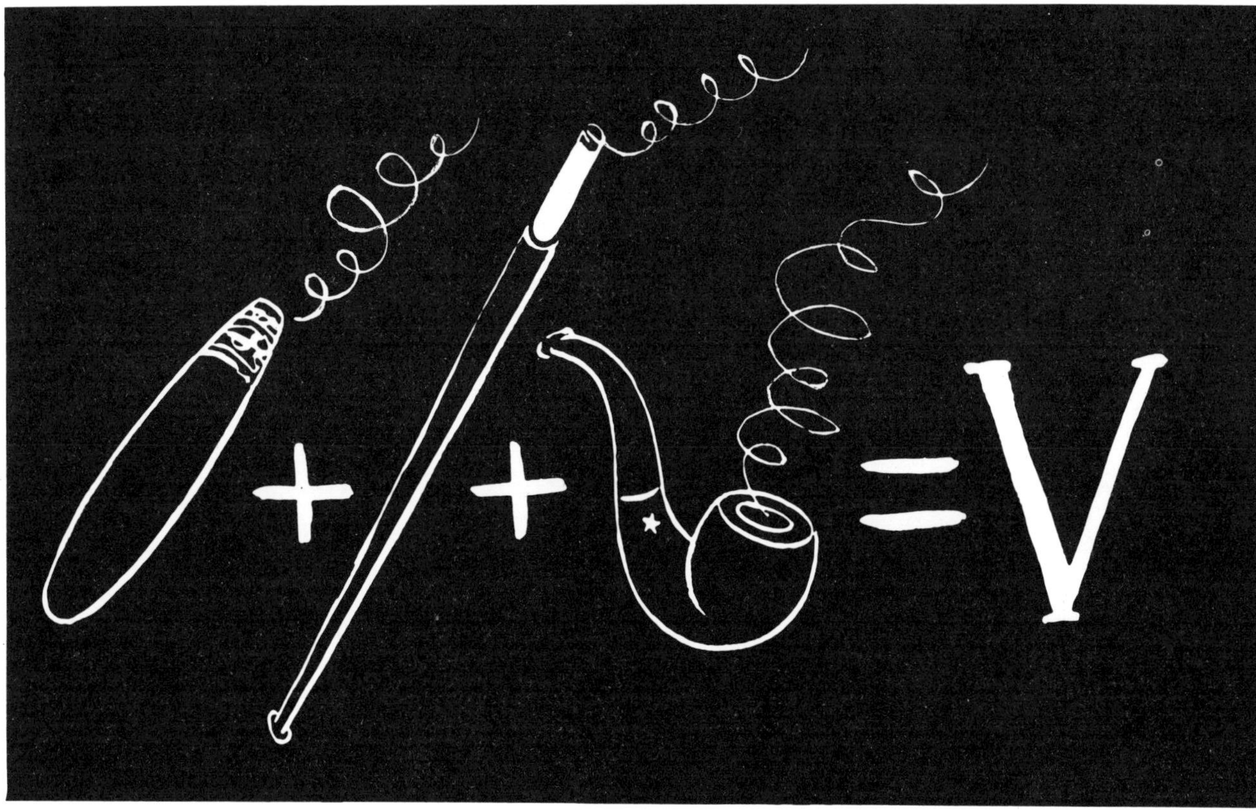

Die Konferenz von Teheran

Maxim Gorki

Antifaschistisches Rechenbuch

Die Gruppe ›Le Grand‹ nur vor dem Bild von Josef Šíma

Pablo Picasso schreibt auf Ruinen der Kultur das Wort ›Frieden‹

Vítězslav Nezval wollte den d'Artagnan spielen (Nezvaliada)

In Mähren wurde ein Genie geboren (Nezvaliada)

Jean-Paul Sartre

Hanns Eisler

Vítězslav Nezval, Jiří Trnka, Jan Werich

Vítězslav Nezval, der Schutzengel der Muse tschechischer Poesie (Nezvaliada)

Jan Werich als König Ubu

Blaise Cendrars

Tokio bei Nacht

Kunst im Dritten Reich

Illustration zu: Jules Verne, Reise um die Welt in 80 Tagen

Illustration zu: Jules Verne, Reise um die Welt in 80 Tagen

Illustration zu: Jules Verne, Reise um die Welt in 80 Tagen

Illustration zu: Ilja Ehrenburg, Julio Jurenito

Illustration zu: Ilja Ehrenburg, Julio Jurenito

Illustration zu: Ilja Ehrenburg, Julio Jurenito

Illustration zu: Ilja Ehrenburg, Julio Jurenito

Straße durch die Sahara. Illustration zu: Blick von Pyramiden

Puppentheater in Taormino

Gagra (Typographische Landschaften)

Rio de Janeiro. Illustration zu: Wolkenkratzer im Urwald

Die Tapete des Tapezierers (Der rote Tod)

Stilleben mit dem Aeroplan

Engel über das Wasser

Seelandschaft

Schiff des Kolumbus

Stadt mit Brücke

Sergej Tretjakow

Louis Aragon

Fernand Léger

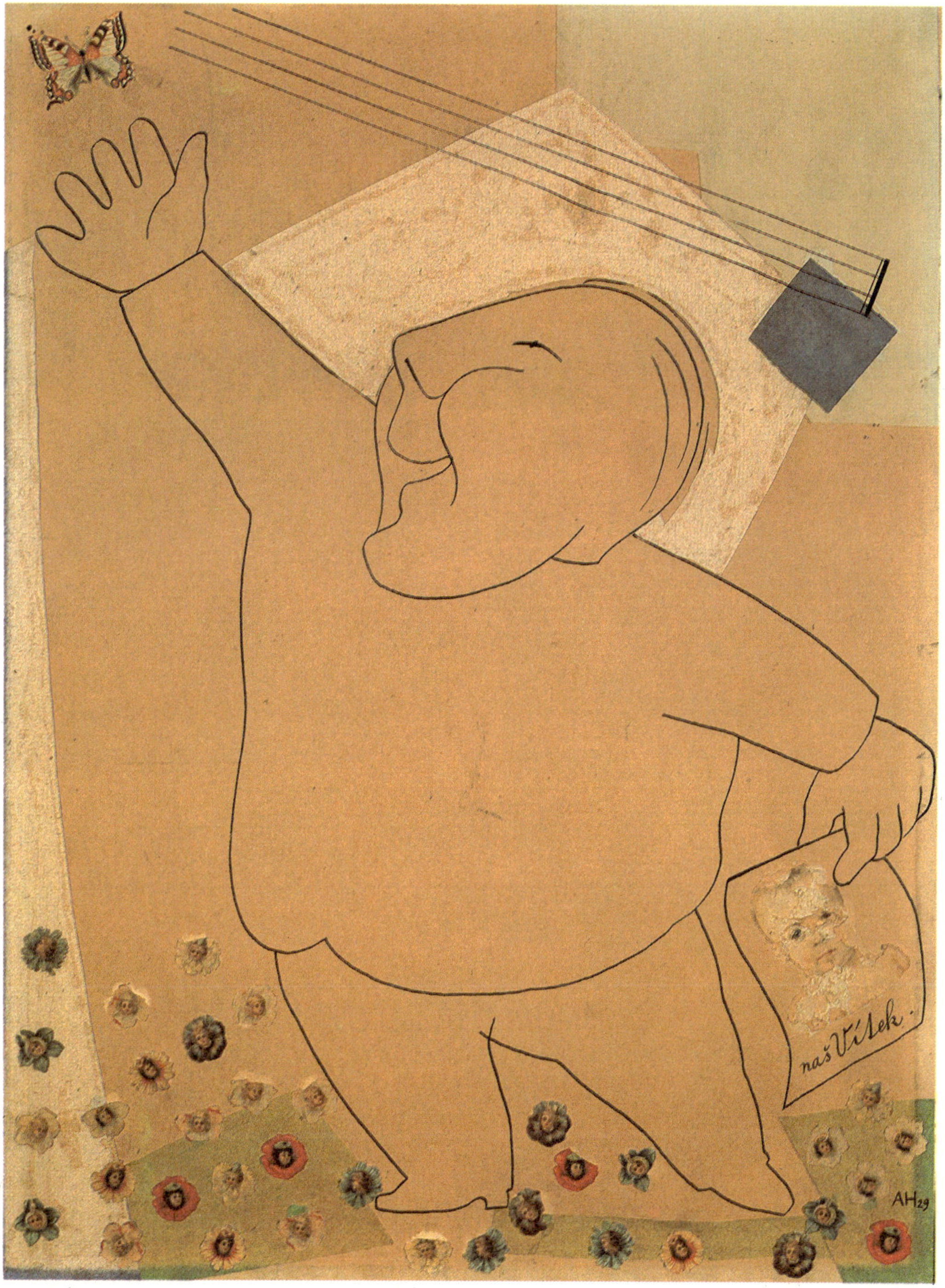

Vítězslav Nezval

Die Nacht

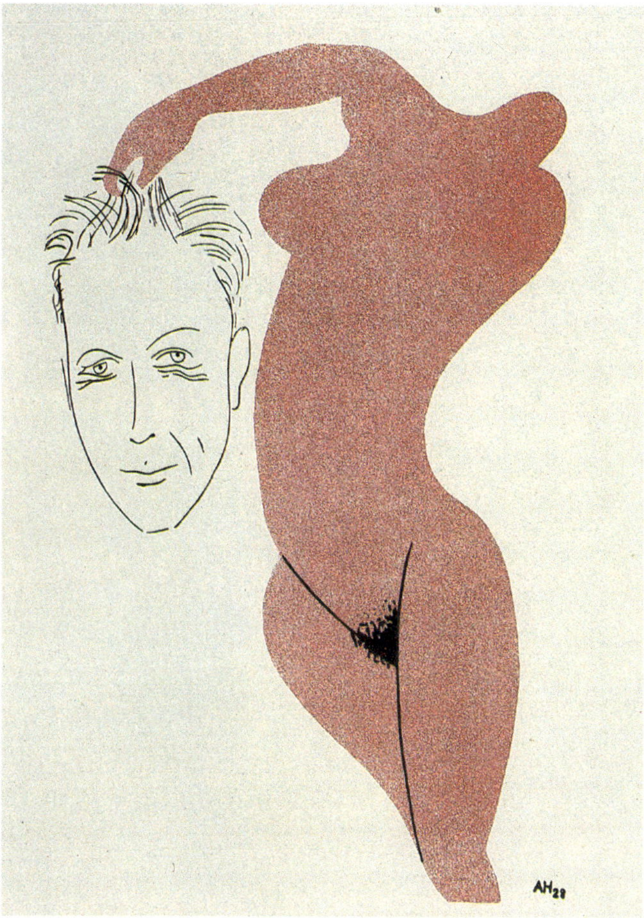

Josef Šíma

James Joyce

Tristan Tzara

Boris Pasternak

Ilja Ehrenburg in Paris

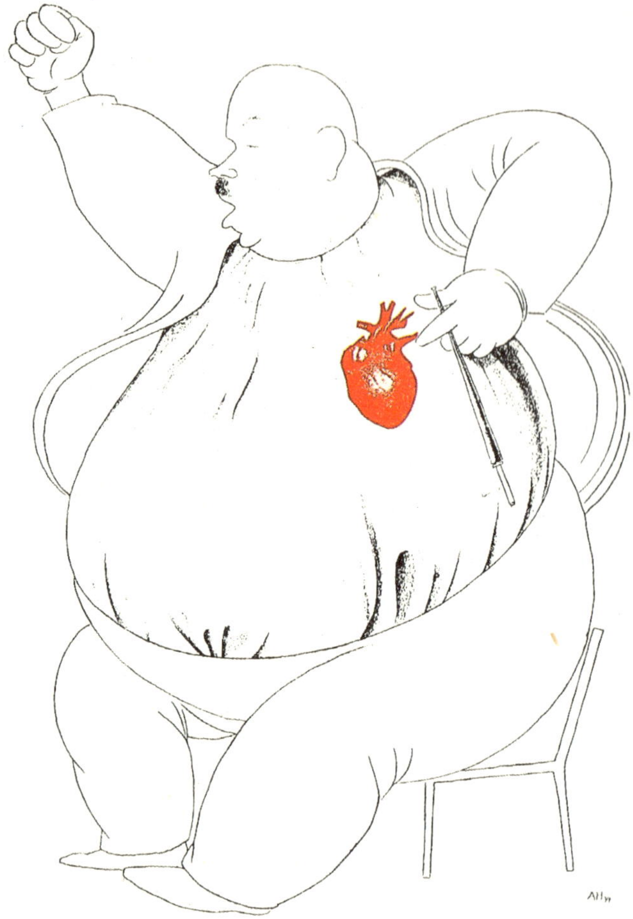

Demjan Bjedny

Voskovec + Werich

Karel Čapek, der Gärtner

Die Vororte von London

THE UNITED STEEL COMPANIES LTD
HARRIS TWEED
SAFETY MATCH
100,000 MILES
PLAYER'S
MEDIUM
MEDIUM
200 in 20s
COAL
Club
POLYETHYLENE
Schweppes
GOOD OLD JOHNNIE WALKER
-real good Scotch
100,000 MILES
COAL
COFFEE
HARLEQUIN
TAM O'SHANTER
PALMOLIVE
EXCURSION
NORE
ALBION
100,000 MILES
Mills
Good wines
BUS
BATTLE OF WATERLOO
THE BIG MONEY

Bohuslav Martinů

Toyen

Jaroslav Ježek dirigiert im ›Befreiten Theater‹

Jaroslav Seifert

Illustration zu: Jules Verne, Reise um die Welt in 80 Tagen

Spanische Corrida

The Yanks are coming!

G. K. Chesterton oder Kugel und Kreuz

Illustration zu: Jiří Wolker, Märchen

Illustration zu: H. G. Wells, Die ersten Menschen auf dem Mond

Illustration zu: Miloš Macourek, Giraffe und Tulpe

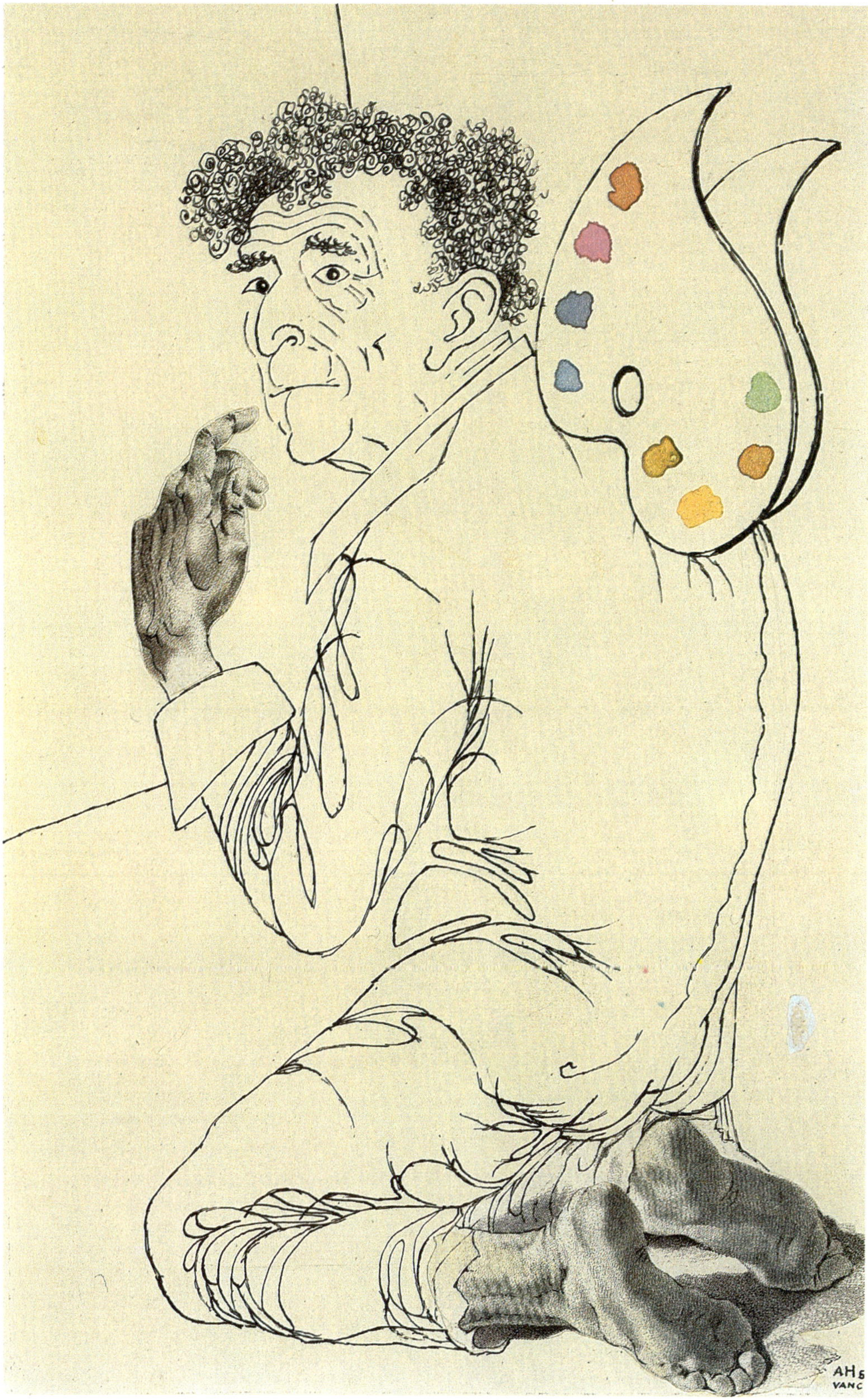

Marc Chagall

Illustration zu: Blaise Cendrars, Das Gold

Moulin Rouge oder sonntäglicher Dorfanger von Jacques Prévert

Der jüdische Friedhof in Prag

ברוך

Indianer aus Altiplan. Illustration zu: Wolkenkratzer im Urwald

Im Sternbild der Fische

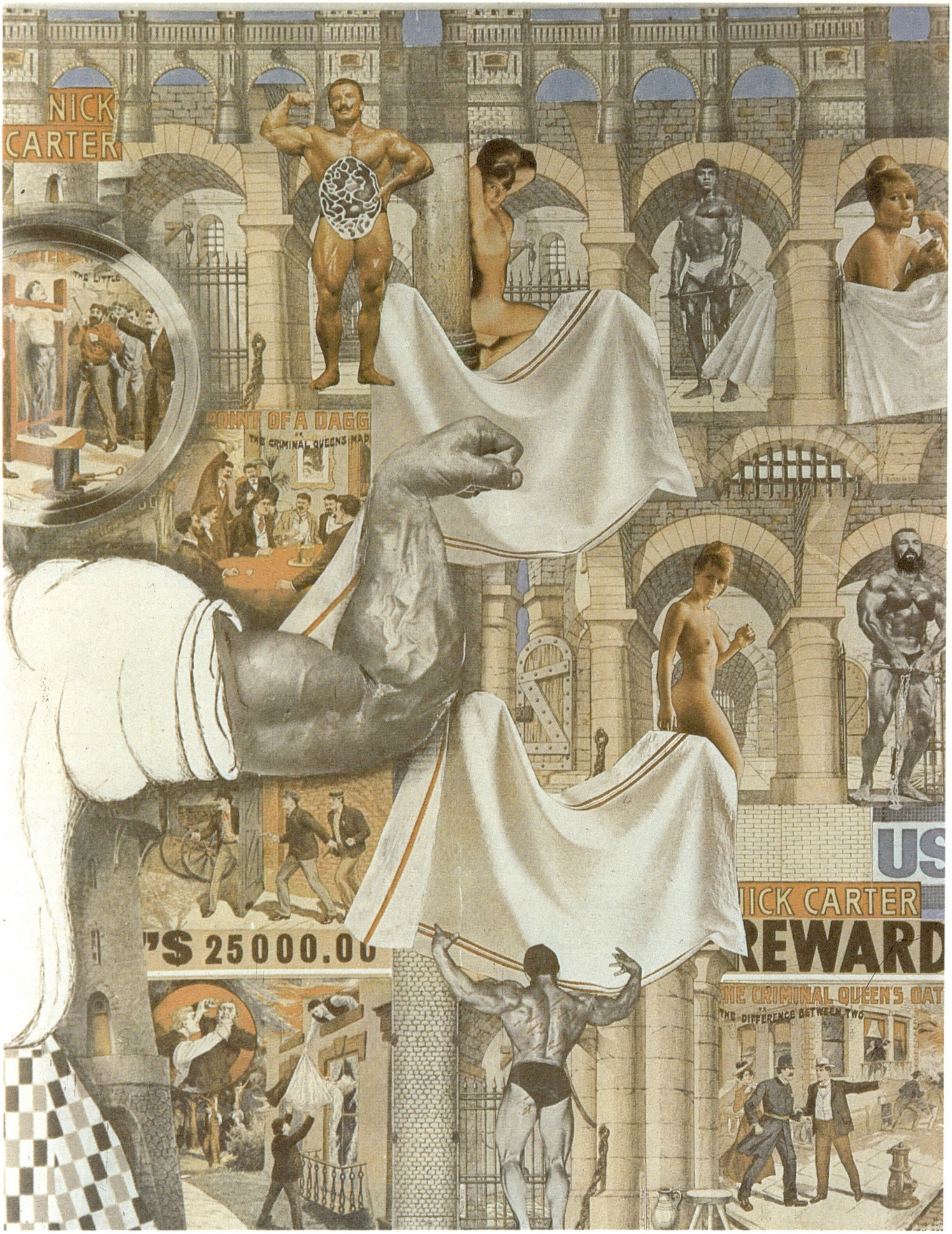

Die Linke von Nick Carter

Unsere Kunst ist übererotisiert

Rückkehr des Jugendstils

NICK CARTER'S MIDNIGHT RESCUE
OR
A RASCALLY MILLIONAIRE
AH64

Nick Carter

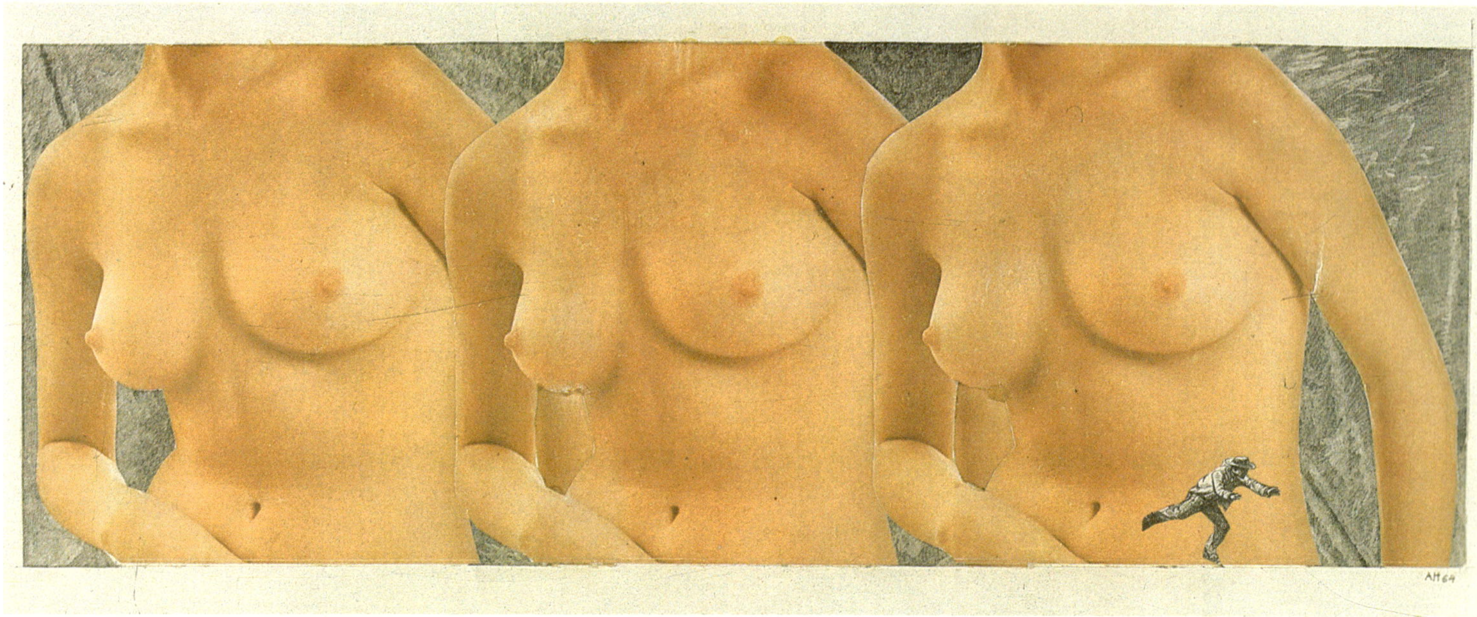

Allzuviel ist ungesund

Buffalo Bill

Typographische Korrektur von Karl Teige

Joan Miró

Internationaler Personenkult

Die Beatles-Post

Die letzte Farbe wird rot

Der radioaktive Fisch

ELLE
SOUS LE CHARME
3F
3F
3F
3F
CLIMAT
LE JOUR
& LA NUIT
orsay
...quatre
heures
de
liberté
COLOR
COLOR
A

Côte d'Azur

VIA AIR MAIL
PAR AVION
LES REVES D'AMOUR
France
FEMME
AMOUREUX
FEMME
Dimanche
DERNIÈRE MINUTE
Ce que femme veut
OCHE
MAT
TEST POUR
ELLE
ICI
toute
4x
PORT
MODE-VACANCES: DERNIERES INFORMATIONS
PARTEZ SANS COMPLEXE DANS LE SOLEIL
NU-PIEDS
TOURNER
100.000
AH63

Überbleibsel aus der Menschenzeit – Geschöpfe aus Gewebe

Überbleibsel aus der Menschenzeit – Der Stamm der Strickler

HUMORY
Důkladné vyučování
M. Vážná,
Feigl & Co. v Praze.
Seznamy
knih modlitebních a spisů zábavných,
poučných a obrázkových,
dary sváteční a vánoční
Lahůdky.
V. J. WONDRÁČEK
ЧАЙ&РУМЪ
grösstes
Staněk's
C. HAASE
krejčí pro dámy.
PRAHA
Josef Suchý,
Revolution
A. DIAMANTA
v Praze v Ovocné ulici
V celé Troji
v „Nové Hospodě"
křestanské pivo
Vzorný sklad
Pro pány
modní sklad oděvů
Antonín Masopust
Betty Mendlová,
V materialním obchodě
„u černého psa"
anglický čistící křišťál
ústav šití šatů Pavlíny Hauptvoglové
v Praze, Spálená ul. č. 98.
AH66

Franz Kafka

Hodža, der Führer der Agrarpartei

1914–1934. ›Ob die da unten nach 20 Jahren noch nicht wissen werden, wofür sie gefallen sind?‹

Und Hitler sprach: ›Das deutsch gewordene Saargebiet wird die Brücke zu Frankreich sein . . .‹

Europa-Kriegsspiele 1934
Mussolini: ›Zum Teufel, wann fällt denn der Startschuß?‹

Neuer Atlas der Anatomie

Eva, Lilith und Apfel

Stille Arbeit

Maxim Gorki

Hände

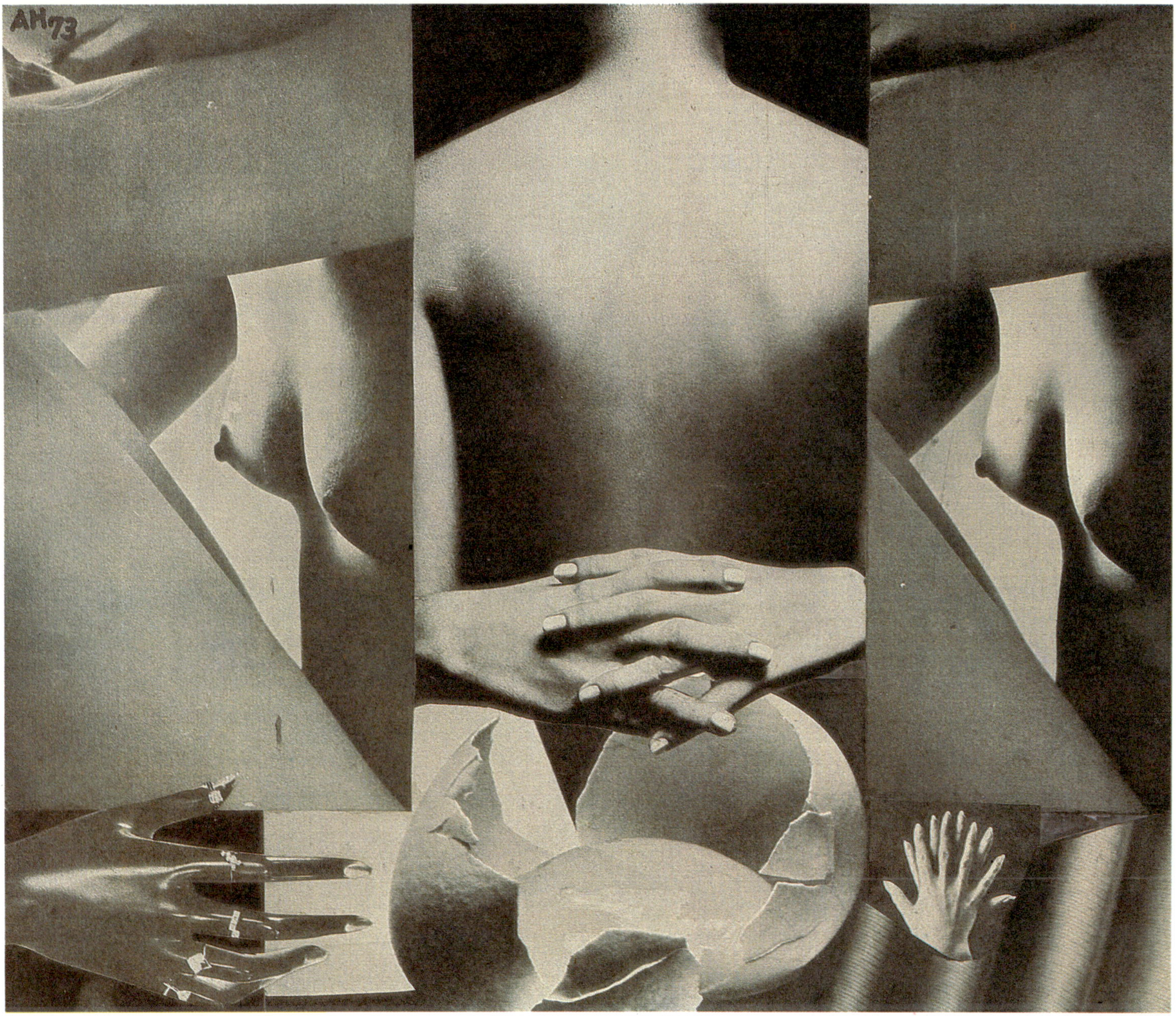

Das zerschlagene Leben

Fleischerladen mit menschlichen Innereien

Nach Menschen sind auf der Welt nur leere Stellen übriggeblieben

Diener: ›Melde gehorsamst, die neue Zeitschrift Simplicus.‹
Zensor: ›Warten Sie,
ich muß erst meinen Bleistift anspitzen!‹

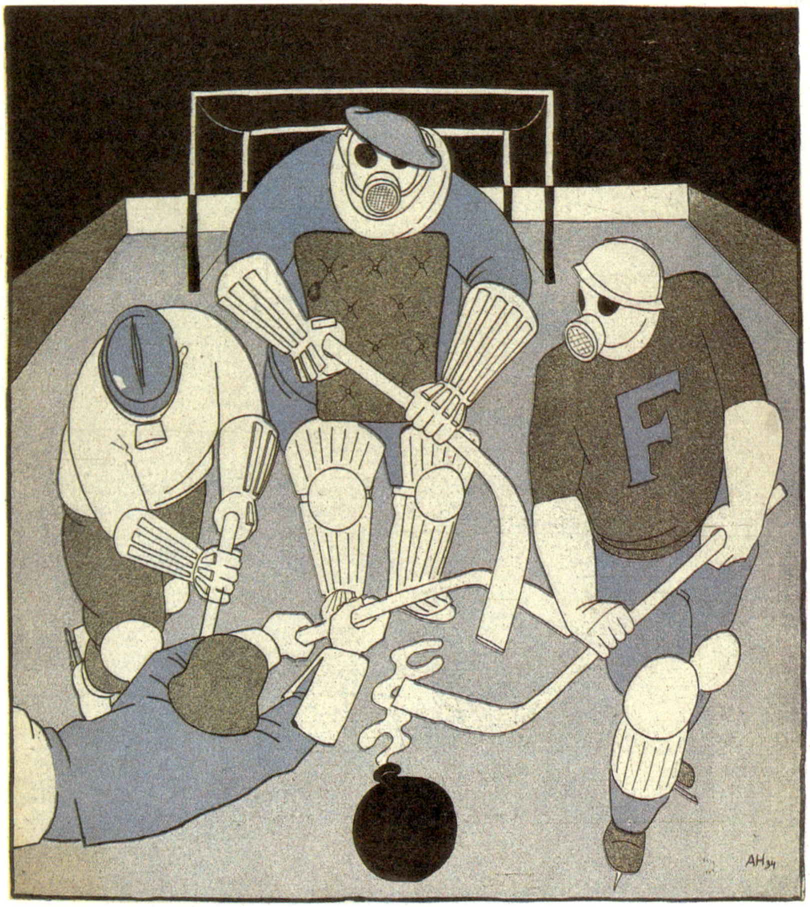

Mailander Vorspiel der künftigen Weltmeisterschaft

Leben und Tod

Überbleibsel aus der Menschenzeit – Der Stamm der Haarigen

Kraft der Vorstellung

Erinnerung an die Zeiten des Kolonialismus in Indien

Sie ist gestürzt . . . / Zu: Das Unglück der kleinen Sophie

Invasion in der St.-Paul-Kathedrale / Zu: Das Unglück der kleinen Sophie

Sie hat sich im Kinderzimmer verbarrikadiert / Zu: Das Unglück der kleinen Sophie

Ihre Majestät die Katze

Hinrichtung am Morgen

Ort der verlorenen Zeit

Eheaussichten

Das Unglück des kleinen Matrosen

Das Unglück des kleinen Matrosen

Das Leben der Menschen in einem Haus

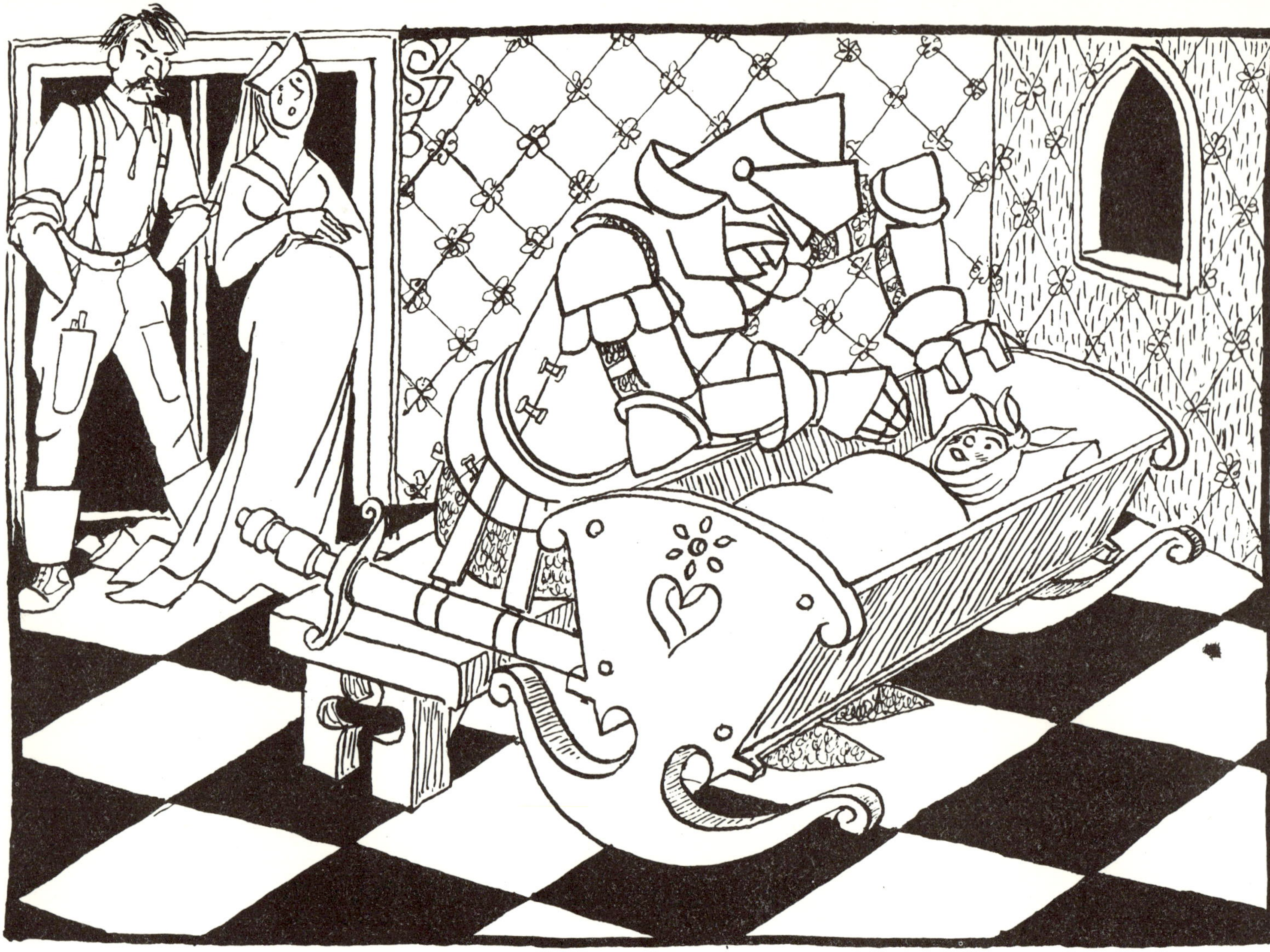

Illustration zu: Mark Twain, Ein Yankee an König Artus' Hof

Illustration zu: Mark Twain, Ein Yankee an König Artus' Hof

Illustration zu: Mark Twain, Ein Yankee an König Artus' Hof

Illustration zu: Mark Twain, Ein Yankee an König Artus' Hof

Eiffelturm und Aeroplan

Die Revolution

John E. Rockefeller

April im Dritten Reich.
Familie Goebbels ist bei keiner Festlichkeit mehr zu sehen, sondern widmet sich nur noch geistigen Belangen

Illustration zur eigenen Fabel ›Militär‹

Die Engländer in Genf
›Adolf, kehre zurück, alles vergeben!‹

Der Wohltäter
›Bald werde ich euch Gas ganz umsonst geben.‹

Österreich

Die Saarfrage
›So, das haben wir abgestimmt. Jetzt kommt Elsaß-Lothringen dran.‹

Kopf der Woche: Henlein, der Hitler der Sudetendeutschen

Franz Kafka im Theater

Kopf der Woche: Litwinow

Die Anfänge

Wer war dieser Adolf Hoffmeister, der seit 1933 im Auftrag des ›Mánes‹ die Ausstellung maßgeblich vorbereitet hatte, die zur ersten großen künstlerischen Schlacht gegen den Faschismus wurde? Lexikalisch trocken müßte es heißen: Dr. jur., tschechischer Schriftsteller, Dramatiker, Lyriker, Publizist, Maler, Graphiker, Zeichner, Karikaturist, Theoretiker und Historiker der tschechischen progressiven Karikatur, Illustrator, Übersetzer, zeitweilig auch (und zuletzt nicht sehr glücklich) Politiker. Das alles nicht nur nach- oder nebeneinander, sondern oft in ein und demselben Moment künstlerischen Handelns. Diese Vielseitigkeit ist erstaunlich, zumal sie stets authentisch war und Hoffmeisters künstlerische und menschliche Biographie von Anfang an auszeichnete. Denn 1920, als der gerade Achtzehnjährige Schriftführer des am 5. Oktober im Prager Café Union gegründeten Künstlerischen Vereins Devětsil (deutsch: Pestwurz) geworden war, schickte er sich erst an, das Gymnasium mit der Universität zu vertauschen. Zwischen 1917 und 1919 aber waren seine ersten Gedichte (unter dem Pseudonym Jaroslav Stý) und seine ersten Zeichnungen und Linolschnitte entstanden. Ihre Themen lauten Stadt, Stille Nacht, Fabrik, Stilleben am offenen Fenster, Auge, aber auch Revolution und Eiffelturm mit Flugzeug. Ihre Bildsprache schloß sich vor allem dem tschechischen Kuboexpressionismus an und stand am ehesten der Kunst Josef Čapeks, Václav Špálas, Vlastimil Hofmans und Josef Kubíčeks nahe. Diese Künstler, teilweise Angehörige der Gruppe ›Tvrdošíjni‹, hatten, beginnend in den Vorkriegsjahren und verstärkt während des Krieges, den klassischen französischen Kubismus für unmittelbar ausgedrückte soziale und ethische Anliegen adaptiert. Mit ihrer Verbindung von Modernität der Stoffe und der Formen, ihrer Zuwendung zur Stadt, zum alltäglichen Leben, standen sie dem befreundeten Schriftsteller, Verleger, Kunsttheoretiker und Kunstkritiker Stanislav Kostka Neumann nahe. Er verband sein Programm des ›Zivilismus‹, der engagierten Gegenwärtigkeit der Kunst, für deren sozialistische Perspektive er schon vor 1918, wenn auch noch teilweise anarchistisch gefärbt, eintrat, mit dem Streben der Avantgarde nach neuer Sprache, Sinngebung und Funktion der Künste. Dieses Anliegen verfolgte er erst recht nach 1918, als einer der Mitbegründer der KPČ und streitbarer marxistischer Kunsttheoretiker, der auch zum mitunter sehr kritischen Weggefährten der jungen Schriftsteller-, Architekten- und Künstlergeneration des ›Devětsil‹ wurde. Schon in seiner seit März 1918 herausgegebenen Zeitschrift ›Červen‹ und an anderen Stellen kommentierte er auch die ersten künstlerischen und literarischen Schritte Hoffmeisters und veröffentlichte sie.

Bereits der tschechische Kubismus insgesamt und zumal seine Abwandlung bei den ›Tvrdošíjni‹ ging einen anderen Weg als der klassische Kubismus der Pariser Avantgarde. Noch weiter von diesem entfernte sich in einem kritischen Dialog die Kunst der jüngsten Generation der tschechischen Avantgarde, die durch die Kriegsjahre und ihre eigene begeisterte Hinwendung zur Oktoberrevolution und zur Arbeiterbewegung geprägt wurde. In seinen Erinnerungen schrieb der große tschechische sozialistische Dichter Vítěslav Nezval: ›Unsere Jugend war deshalb so schön, weil sie eine natürliche Jugend mit der Jugend des Gedankens verband... Wir, die wir die Worte von Marx und Lenin ernst nahmen und die wir unserem Volke treu blieben, blieben jung... Eine Jugend, getragen von fortschrittlichen Gedanken, kann nichts anderes sein als jung.‹ Und um dies in der konkreten Tat zu belegen: Von 1921 datiert ein gemeinsam mit Ladislav Süss und Karel Vaněk von Hoffmeister geschaffenes Plakat für ein kommunistisches Treffen.

Dies war ein entscheidender Wurzelgrund, von dem aus sich das Werk der Architekten, Literaten, Künstler, Musiker und Theoretiker des ›Devětsil‹, in widersprüchlicher Bewegung wie die

Alois Wachsman

Zeit selbst, entfaltete. Wir sagten, daß der Kubismus trotz innerer Distanz eine Absprungbasis gewesen ist, auch für den jungen Hoffmeister. Von ihm konnte man die Tektonik und visuelle Rationalität der Struktur und vor allem die unbegrenzte Freiheit einer von der naturalistischen Nachahmung abgelösten Form lernen. Mit ihr ließen sich die Gegenstände nunmehr auf neue Weise erobern. In diesen frühen Werken Hoffmeisters (und anderer seiner Generationsgefährten, von denen einige mit ihm die Schulbänke des legendären Realgymnasiums in der Křemencova ulice gedrückt hatten: Karel Vaněk, Karel Teige, Ladislav Süss, Vladislav Vančura oder Alois Wachsman) zeigt sich ein besonderer Zugriff auf die Realität im Zeichen einer neuen Sachlichkeit und Gegenständlichkeit. Daher wurde weitaus mehr der Vorkubismus André Derains, Pablo Picassos und Georges Bracques aus den Jahren 1906 bis 1908 zum Vorbild und vor allem die Kunst des großen Naiven Henri Rousseau. Es ging auch Hoffmeister um die ›Bescheidenste Kunst‹, wie der Titel eines Buches von Josef Čapek aus diesen Jahren lautete. Der Krieg hatte gelehrt, die einfachsten Dinge zu schätzen und alle pompösen Masken der Vorkriegsgesellschaft abzuwerfen. Als Resultat der neuen künstlerischen Sicht entstand ein eigentümlicher, mitunter romantisch getönter, sozialer ›Primitivismus‹. Ihre Bezugspunkte fanden die Künstler in den einfachen Menschen, bei den ›kleinen Leuten‹, deren Milieu und deren Träumen; in der Welt der naiven Ladenschilder, der frühen Filme Chaplins in den Vorstadtkinos und bei den aus der alltäglichen Banalität in Traumreiche entführenden Aben-

Die Säulen von Devětsil Karel Teige und Vítězslav Nezval

teuerheften; in dem die Künstler wie die proletarischen Massen der Vorstädte begeisternden Zauberreich des Varietés, des Zirkus und der sonntäglichen Volksvergnügungen. Aber diese künstlerische Identifikation mit der Alltäglichkeit der meisten Menschen des Proletariats und der kleinen Bürger in der neuen Tschechoslowakischen Republik, die zwar die Wiederherstellung der Nationalstaatlichkeit und eine bürgerliche Demokratie eingebracht hatte, konnte an deren Grundwiderspruch nicht vorbeigehen: war sie doch auch charakterisiert ›durch den Fall der schwarz-gelben Reaktion und die Errichtung der weiß-rot-blauen Reaktion‹, wie es aus den Kämpfen um die neue Republik heraus zugespitzt Neumann nannte. In diesem Kontext ist der gewollt naive Stil der Gemälde und Graphiken Hoffmeisters bis 1922 eine mehrdeutige Selbststilisierung: ein Stückchen Alltäglichkeit und einfacher Menschlichkeit, ein wenig melancholischer Traum von wirklicher Freiheit – denn was sonst bedeutete die Konfrontation eines Stillebens in einem kargen Interieur mit einem im Fensterausblick sichtbaren Flugzeug – und nicht wenig Ironie bereits. Sicher war auch Hoffmeister von der Magie der Dinge verzaubert, jenem ›Großen Realen‹, wie es Wassili Kandinsky geistvoll angesichts Rousseaus bestimmt hatte. Aber all dies war intellektuell reflektiert. Der ›Engel über den Wassern‹ von 1922, mit dem Zweig des Friedens über einer mit malerischen Mitteln montierten Bildwelt aus proletarisch-vorstädtischer Nähe und durch Meer und Schiffe suggeriertem Fernweh, ist eine liebenswerte Fiktion und zugleich schon ihre Parodie. 1922 hörte Hoffmeister dann auch auf zu malen.

Dem Naivismus, diesen intellektuell-plebejischen ›Rührstücken‹ hatte übrigens schon früh Neumann ihr Ende vorausgesagt. Im Streit mit den Genossen des ›Devětsil‹ anerkannte er zwar ihr Streben als fortschreitende künstlerische Revolution, sofern dieses sich einer Notwendigkeit bewußter würde: des immer engeren Anschlusses an die soziale Revolution. Nur so konnte er in der frühen Devětsil-Kunst eine künstlerische Hoffnung erblicken, die sich zum modernen Leben und seiner Umwälzung bekannte (›Es lebe das Leben!‹ hieß ein von Neumann 1920 herausgegebener Sammelband seiner frühen Schriften).

Bildnisse – zwischen Reportage und Karikatur

Die Anfänge seiner Bildniszeichnungen sind mit der Arbeit des Journalisten Hoffmeister, mit seinen Reportagen verbunden. Als er 1924 ein Semester in Cambridge studierte, entstand die erste Folge von Reportagen. Ein Jahr später, anläßlich des Besuches eines Tennisturniers in Cannes, zeichnete Hoffmeister die ersten auch veröffentlichten Karikaturen. 1926 schon forderte die Pariser Zeitschrift ›Intransigeant‹ von ihm eine Serie von Bildnissen bedeutender kultureller Persönlichkeiten Europas. In seinem Büchlein ›Hors d'œuvre‹ von 1927 verbinden sich beide Formen: Feuilletons und Porträts vom Besuch bei Schriftstellern wie G. B. Shaw und G. K. Chesterton, Epigramme, Berichte von seinen Aufenthalten in der legendären Pariser Rotonde mit Bildnissen von Ilja Ehrenburg, dem japanischen Maler Foujita, von Jean Cocteau und Man Ray. Später löst sich das publizistische und literarische Element dann wieder vom bildnerischen, auch wenn beide hin und wieder gemeinsam auftreten. Aber 1926/1927 ist die Einheit von ›Karikaturen-Bildnissen und Bildnissen-Interviews‹ (M. Lamač) vollkommen. Sie verkörpert die geistvoll und souverän verdichtete Sicht eines ›Insiders‹ der linken europäischen kulturellen Intelligenz. Zugleich stellte er sich in einen breiten Strom von Bedürfnissen und der Mittel ihrer Befriedigung wie Erzeugung. In ›Hors d'œuvre‹ nannte er sie mit einer Artikelüberschrift ›Die Vermenschlichung des Genius‹. Seiner Meinung zufolge wüchse das Interesse am Alltäglichen, am zivilen Leben solcher Menschen; man wolle genauer wissen, was der Schriftsteller zum Abendbrot esse. Hoffmeister ist mit seinen Bildnissen in diesen Jahren nicht allein. In Deutschland tun Emil Stumpp und Dolbin mit anderen zeichnerischen Weisen ein Gleiches, indem sie, stets in Konkurrenz mit den Fotografen, für Zeitungen und Zeitschriften Persönlichkeiten des öffentlichen Lebens ihrer Gegenwart den Menschen nahebringen, ihnen ein Bild von diesen machen. In seiner Studie ›Das Kunstwerk im Zeitalter seiner technischen Reproduzierbarkeit‹ hat Walter Benjamin dieses Phänomen genau beschrieben, zu dem Hoffmeister ja einige der schon geschilderten geistigen Voraussetzungen aus dem Devětsil-Kreis mitbrachte: ›Die Dinge (hier die Menschen; H. O.) sich räumlich und menschlich ‚näherzubringen' ist ein genau so leidenschaftliches Anliegen der gegenwärtigen Massen, wie es ihre Tendenz einer Überwindung des Einmaligen jeder Gegebenheit durch die Aufnahme von deren Reproduktion ist.‹ Benjamin bezog dies mehr auf die Fotografie, aber die im Medium Zeitung oder Buch vervielfältigte Zeichnung ist so weit davon wieder nicht. Tatsächlich hat Hofmeister mit seinen Zeichnungen Anteil daran, die Aura des Einzelnen zurechtzurücken, indem er wie so viele Künstler der Avantgarde sich auf die modernen Bedürfnisse und Gegebenheiten der Kommunikation, hier der visuellen, einstellt und selbst die Mittel der publizistischen Verbreitung nutzt.

Aber dieser Prozeß ist doppeldeutig und nicht auf die skizzierte Soziologie einer neuen Wahrnehmung hin zu vereinfachen, sowenig sie wiederum abzuleugnen ist. Während es sich bei Dolbin und anderen eher und ausschließlicher um die gekonnte und im besten Fall wertende Bildnisreportage von ›außen‹ handelte, gehört Hoffmeister durch seine Biographie selbst zu diesen Kreisen von Intellektuellen, deren progressive und künstlerisch avantgardistische Haltung sie über die Ländergrenzen hinweg verbindet. Darauf beruht wesentlich die Authentizität der Zeichnungen, hebt sie ab vom soliden Handwerk des zeichnenden Reporters. Dessen ›Manier‹ lockerte den Seitenspiegel der Zeitung auf und nahm für sich ein durch den Touch des Individuellen, den die Zeichnung gegenüber der Fotografie mühsam wahrte. Aber schon Benjamin meinte rechtens, ›nichts gewährleistet, daß ein heutiger Portraitist, wenn er einen berühmten Chirurgen am Frühstückstisch und im Kreise der Seinen malt, dessen gesellschaftliche Funktion genauer

Man Ray im Café ›Rotonde‹

trifft als ein Maler des sechzehnten Jahrhunderts...‹

Seine Abkunft aus der jüngsten Avantgarde bewahrte Hoffmeister vor dieser von Benjamin enthüllten Illusion, auch der eines rein modischen Nahebringens, und deren purer Vermarktung. Der bisher aufgezeigte Kontext seiner Bildnisse macht aber ihre Eigenart und Vielschichtigkeit nicht aus. Sie ergeben sich aus der Struktur im Spielraum zwischen Bildnis und Karikatur, die diese Seite seines Schaffens bis in die sechziger Jahre prägt.

Auf winzigem Stühlchen sitzt, die Bildfläche füllend, der ›Riese‹ Majakowski: eine kunstvolle Balance an Bedeutungsperspektive und Bildsinn, ausgedrückt im Kontrast der dünnen und großzügig verlaufenden Umrißlinie der Figur und der kräftigen, der Last standhaltenden, leicht und fest gespannten Linie des Thonet-Stuhles. Anders das Bildnis Auguste Perrets: auf dem gerasterten Netz des Zeichenpapiers des Architekten ein Koordinatenkreuz, die Namensbuchstaben als Punkte einer aufsteigenden Kurve, darüber ein wenig diagonal versetzt eine weiße Fläche, von der sich der Kopf mit dem Hut abhebt, eine eigenartige Symbiose von Technik und Mensch, von Alt und Neu, von Versatzstücken einer aus dem 19. Jahrhundert überkommenen Kultur und von Hinweisen auf die Modernität. Genauer war das Wesen des Architekten Perret, eingebunden in das Diagramm, kaum noch zu fassen. Karel Teige und Vítěslav Nezval, im Kontrast von Sitzen und Stehen, weißen und schwarzen Flächen, Gegenstands- und Figurenformen und Buchstaben; so erfahren wir nicht nur etwas von beiden in ihrer damaligen Gemeinsamkeit und in ihrer Verschiedenheit als Säulen von Devětsil, sondern auch, fast nebenher, vom Prinzip der Typographie Teiges als Synthese von Konstruktivität und spielerischer Poesie. Immer treffen die Bildzeichen, die Elemente und die Syntax der Bildsprache Hoffmeisters genau: die Lebendigkeit und der Vollbart von Shaw, die eckigen Schultern des in sich versunkenen Soupaults, die Exzentrik von Man Ray, die straffe und dynamische Gespanntheit und Intellektualität Le Corbusiers.

Kehren wir noch einmal zum Majakowski-Bildnis zurück, zu diesem unübertreffbaren Lakonismus der Linie im spannungsvollen Dialog mit der weißen Fläche des Papiers. Von Anbeginn bestimmen die Zeichnungen Hoffmeisters diese Spannung von Linie und Fläche: ›Je weniger, desto besser. Eine Linie ist genug, aber viele Linien sind zu wenig‹, bekannte er in ›Hors d'œuvre‹. Auf dieses Wenige kommt es an, auf die sensible, unendlich wandlungsfähige, bald straff geführte, bald elegant schwingende Linie, auf ihre Schärfe und auf ihre Weichheit, auf den Rhythmuswechsel, auch auf die gelegentlich und ebenfalls sparsam ergänzenden anderen Farben, auf die vereinzelten collagierten Details wie im Bildnis von Léon Pierre Quint.

Natürlich ist diese vollendete Linienkunst, so souverän sie Hoffmeister handhabt und so leicht gemacht sie anmutet, weil die harte Arbeit zeichnerischer Verdichtung nicht mehr zu erkennen ist, weder voraussetzungslos noch ein simples Gebilde. Sie nimmt Traditionen des Jugendstil-Linearismus auf, gleich ob in der morbiden Eleganz Aubrey Beardsleys, der ätzenden Schärfe Thomas Theodor Heines oder dem gegenstandsbezogeneren Strich Karl Arnolds. Sie beruht aber vor allem auf dem Kubismus, seiner entscheidenden Tat in der Befreiung der Linie von der Nachahmung des Zufälligen durch seine sinnlichen Abstraktionen. Sie erst ermöglichte eine neue Ausdrucksintensität und eine neue Konkretheit des Wesentlichen. Und mehr noch. Majakowski rühmte 1922 an Henri Matisse dessen ›Linie als selbständige ornamentale Kraft‹. Majakowskis Freund, der sowjetische Konstruktivist Alexander Rodtschenko, schrieb 1921 in seinem kurzen Text ›Die Linie‹: ›Es ist notwendig, das Bild in unterschiedlichen Maßen zu komponieren, es auf eine Art zu komponieren, die von jener der Wirklichkeit unterschieden ist, spitzfindiger, edler, erhabener, bewußt zu betonen, was in dem Sujet wichtig scheint.‹ Natürlich trennt das Lyrische und Spontane Hoffmeister von der konstruktivistischen rationalen Geometrie, aber er kannte sie. Man muß die angedeuteten Gedanken über die Linie zurückverfolgen über ihre Wertschätzung durch den Engländer Walter Crane um 1900 bis zur Deutung ihrer Möglichkeiten in William Hogarths bedeutungsvollem Traktat ›The Analysis of Beauty‹. Damit wären wir bei einer anderen Wurzel der Hoffmeisterschen Charakterisierungskunst: der Karikatur.

›Letztlich ist das Porträt eitel, dagegen bewahrte sich die Karikatur die Modernität, denn sie zeichnet ein Ding nicht, wie es scheint, sondern wie es ist.‹ Selbstverständlich übertreibt Hoffmeister ein wenig. Aber der Sinn und das Ziel sind klar, die er mit allen Avantgarden seit dem Symbolismus teilte, zumal überall dort, wo sie zeitkritisch wurden, Momente der Satire die ›hohe Kunst‹ durchsetzten. Im Kern ging es um dies: weg von allem Äußerlichen, das in der bürgerlichen Welt die Menschen zu überfluten begann, weg vom Schein, der den unverfälschten Blick zu verstellen drohte, Aufspüren des tatsächlich Wesentlichen an Dingen, Menschen oder Verhältnissen. Seine Bildnisse vermitteln Wesentliches über eine Persönlichkeit durch jene den Charakter und die Bedeutung einmalig zuspitzende und übertreibende Intention, die Karikatur heißt. Es ist nicht zuviel gesagt: Hoffmeister gehört zu den wenigen großen Erneuerern der Bildniskarikatur in unserem Jahrhundert. Seit Daumier und seinen Nachfolgern war auf diesem Gebiet nicht mehr viel geschehen. Hoffmeisters komprimierende Abkürzungen, die präzise Wirkung der vereinfachten Form, der stets mitschwingende komische Unterton in den Veränderungen der Proportionen der Figuren und Dinge und in ihren Verhältnissen zueinander, weisen zurück bis zu jenen Anfängen der neuzeitlichen Karikatur um 1600 zwischen Bilderrätsel und grotesker Figurenverzerrung, die mit Annibale und Agostino Carracci verbunden sind. Natürlich ist das weder linear zu verstehen, zumal er die krasse physiognomische Groteske kaum benutzte, noch ein von Hoffmeister beabsichtigter Historismus. Aber auffällig bleibt, wie hier einer durch die Erblast an Sittenschilderung, humoristischer Anekdote und politischer Satire auf soziale Typen und Zustände hindurchfindet, deren Erfahrungen zwar nicht achtlos beiseite schiebt, vielmehr seinen einmaligen Platz in einem Feld möglicher künstlerischer Entscheidungen in den zwanziger Jahren zeitgemäß besetzt.

Resultat dieser Zusammenhänge ist im Fall der Bildnisse, was Lamač die ›graphische Hieroglyphe einer Persönlichkeit‹ nannte. Aus der ›Begegnung von Abstraktion und Konkretheit‹ gewinnt die Bildniskarikatur Hoffmeisters ihre Schärfe und ihre Freundlichkeit. Diese Bildnisse verkörpern Wirklichkeit und Mythos der europäischen linken Avantgarde der zwanziger Jahre, weil ihre Charakterisierungskraft jenen Schuß ironischer Distanz und jenen geistvollen Witz einschließt, der die Größe und die Selbststilisierung des Einzelnen erträglich und damit zugänglich macht. Das meinte Hoffmeister mit der ›Vermenschlichung des Genius‹ und durch seine freundschaftlich-spöttische Übereinstimmung mit dieser Avantgarde. Sie letztlich brachte erst die besondere Sinnstruktur seiner Form hervor, weil sie zu seiner eigenen Biographie gehört.

Die Einzigartigkeit der Bildnisse Hoffmeisters, ihre kunstvoll einfache Sprache und deren Syntax werden vollends einsichtig, wenn man sich bewußt macht, daß es ihm nicht um gezeichneten Journalismus zuallererst ging: ›Doch eine wirklich zeitgenössische, eine wirklich kritische, eine wirklich moderne Zeichnung muß eine souveräne Synthese der ausdrucksmächtigsten Elemente unserer Zeit sein – der Poesie und der Karikatur.‹ Dieses späte Bekenntnis Hoffmeisters führt uns darauf zurück, daß er ja Generationsgefährte Nezvals war und daß ihm das Devětsil-Programm des Poetismus, des hedonistischen und spielerischen Elementes in der Kunst vertraut und nahe war. ›Der Poetismus ist eine Methode, um die Welt so anzu-

G. K. Chesterton

sehen, daß sie ein Gedicht sei‹, schrieb Vítěslav Nezval einmal. Gegen alles Muffige und Spießige gerichtet, vermitteln Dichtung und Bildkunst des Poetismus die ansteckende Fröhlichkeit eines Aufbruchs, eine beglückende Sinnlichkeit: ›Poesie für die fünf Sinne‹, nannte dies Karel Teige 1925. Die Bildnisse Hoffmeisters gehören dazu. Insofern durchbrechen sie letztlich alle tradierten Genregrenzen. Sie sind Bildnis und Karikatur, gezeichnetes Epigramm und Feuilleton, selbst Interview in Bildform, und sie sind eigenständige Zeichnung, einem poetischen Bilde, einem Vers gleich.

Ein letzter Zusammenhang: Aus dem Devětsil-Kreis war auch das satirische Theater der Schauspieler Jindřich Voskovec und Jan Werich und des Regisseurs Jindřich Honzl hervorgegangen, das legendäre ›Osvobozené divadlo‹. Seinen Namen hatten die Akteure der theatertheoretischen Schrift ›Entfesseltes Theater‹ des sowjetischen Regisseurs Alexander Tairow entnommen. An einige Teile seiner Auffassung von der Autonomie des Theaters gegenüber der dramatischen Literatur, an seine Vorstellungen vom virtuosen ›synthetischen‹ Schauspieler, ›der Tänzer, Artist, Clown, Sänger, Mime und Darsteller in einem sein sollte‹ (L. Hoffmann/D. Wardetzky) schlossen sie sich programmatisch an. Besonders die Revue hatte es Voskovec und Werich angetan. Sie bot jene Freiheiten, die theatralischen Schein und Aktualitäten, Hintergründigkeit und Direktheit, tatsächliche Volkstümlichkeit und urbane Intellektualität im scheinbar indifferenten ›Narrenspiel‹ des dadaistischen Clown-Spielers vereinten.

Hoffmeister war seit 1927 treuer Weggefährte des ›Osvobozené divadlo‹. Er verstand es als anderen, aber gleichstrebenden Ausdruck jener avantgardistischen Vorstellungen, deren entschiedene Modernität Poesie, Pathos und Parodie gleicherweise und in einem ermöglichten. Seine eigene Goldoni-Adaption, das Singspiel mit Tanz ›Singendes Venedig‹ von 1932 gehört in diesen Kontext. Nicht zufällig entfalten sich die Bildniskarikatur Hoffmeisters und jenes Theater parallel.

Kämpferischer Antifaschismus

Wir sprachen gemeinsam erneut über die Karikatur. ‚Sie ist die tendenziöste Kunst des Dienstes und des Kampfes', sagte ich. ‚Ist sie', antwortete er, ‚jedoch Poesie kann sie auch sein.'‹ › An dieses Gespräch mit Wladimir Majakowski erinnerte sich Hoffmeister 1950. Es drückt genau aus, was notwendig war und wovon gerade jene Künstler träumten, die sich mit ihrem Werk dem Klassenkampf verschrieben hatten. In den dreißiger Jahren stand Hoffmeister mit an der vordersten Front des Kampfes gegen Faschismus und Krieg. Seine Aktivitäten sind kaum übersehbar: die redaktionelle, publizistische und zeichnerische Arbeit für zahlreiche linke und kommunistische Zeitschriften in der Tschechoslowakei, die Vorbereitung der I. Internationalen Karikaturenausstellung, sein maßgebliches Mitwirken an der gemeinsamen satirischen Zeitschrift tschechischer und deutscher antifaschistischer Zeichner ›Simplicus/Der Simpl‹ in den Jahren 1934/35, die Teilnahme in der tschechoslowakischen Delegation am I. Kongreß der Sowjetschriftsteller 1934, die Aktivitäten in der ›Levá Fronta‹, der Vereinigung der progressiven und revolutionären Kulturschaffenden der Tschechoslowakei, zahlreiche eigene Ausstellungen und solche mit Kampfgefährten wie dem befreundeten Karikaturisten Antonín Pelc, die immer wieder wütende Reaktionen der ausländischen, aber auch der einheimischen Reaktion herausforderten. In diesen Jahren eines einzigartigen kämpferischen Elans erreichte die tschechische politische Satire und mit ihr das Schaffen Hoffmeisters einen Höhepunkt politisch-ästhetischer Durchschlagskraft. Tatsächlich wurde, auch durch das Zusammenwirken der deutschen und der tschechischen antifaschistischen Künstler, Prag zwischen 1933 und 1938 zum Zentrum der antifaschistischen Bildsatire. Immerhin war der Simplicus, wenn wir von der Karikatur der AIZ und in den Zeitungen der antifaschistischen Parteien absehen, das einzige satirische Organ des militanten Antifaschismus in Europa, das programmatisch das verratene Erbe des Münchener ›Simplicissimus‹ antrat.

Auch wenn Hoffmeister in jenen Jahren eine Vielzahl von Motiven aufgreift, die der politische Alltag diktierte, bleibt doch die Bildniskarikatur für ihn bestimmend. Er bereichert und differenziert sie verstärkt mit Situationen und Handlungselementen, die bis dahin nur eine geringe

Rolle spielten. Diese Erweiterung schloß eine Radikalisierung ein. Wie sehr er der Bildniskarikatur treu bleibt, zeigt seine Reihe im ›Simplicus‹ unter dem Titel ›Kopf der Woche‹. Da ist die aus Nullen zusammengesetzte Demagogenfigur des sudetendeutschen Nazihäuptlings Henlein, genauso großmäulig wie sein großdeutscher Drahtzieher: Die Figur füllt die Fläche, sie macht sich breit, das ist gefährlich – das ist der Sinn des Blattes. Da ist aber auch die Gestalt Litwinows, des sowjetischen Außenministers, der die Friedenstaube aus einem Käfig freilassen will. Seine große Gestalt schützt sie vor der kleinen Hitlerfigur mit dem Schlächtermesser zu seinen Füßen. Keine plumpe Agitation, sondern mit kunstvoll einfachen Mitteln die historische Wahrheit, wer den Frieden schützt und wer ihn bedroht.
Im Simplicus erscheint am 30. August 1934 eine Karikatur auf Hitler, die Wandlungen in der Erzählweise Hoffmeisters zu erkennen gibt. Unter dem Titel ›Gas billiger‹ steht im Vordergrund der als behäbiger wie als auftrumpfender Spießbürger gezeichnete Hitler, den aber das Messer in der Hand hinter seinem Rücken verrät. Dazu eine mit wenigen schwingenden Strichen angedeutete Landschaft und eine Fabrik. Die elegant hingesetzten Linien aber sind an zwei Stellen überlagert durch getupfte dunkle Flächen, ausgestoßen von einem Flugzeug und einem Maschinengewehr. Die Phrase wird durch diese Antithesen, verstärkt durch den Untertitel, als solche enthüllt. Weitere Blätter sind diesem vergleichbar. ›Die mittelgroße Entente‹ mit dem Motto ›Lasset die Kindlein zu mir kommen und für mich kämpfen...‹ zeigt Mussolini, der seine Partner ausrüstet. Erneut

Wladimir Majakowski

nur wenige Umrißlinien, die aber das Schwarzhemd des Duce mit dem verfratzten Antlitz dominiert. Die spielerisch und komisch wirkende, marionettenhafte Bewegung der beiden von ihm ausgerüsteten und gesteuerten Figürchen erlangt durch die wie nebenher erzielte Spannung von Leichtigkeit und Bedrohlichem erst ihren bösartigen und enthüllenden Sinn. Die antifaschistische politische Satire Hoffmeisters unterscheidet sich von der seiner Mitstreiter. Sie wahrt das in den Bildnissen ausgebildete spielerische und intellektuelle Prinzip, den Esprit des künstlerischen Einfalls, den Erfindungsreichtum in den Kürzeln. Ein wenig metaphorisch könnte man sagen, die Waffe Hoffmeisters sei das Florett. Aber er führt sie zielsicher. Die lakonische Zeichnung, deren Rhythmuswechsel und deren Eleganz machen alles, was er darstellt und was zunächst so unverfänglich aussieht, grotesker und bösartiger.

Häufig handhabt Hoffmeister die Verbindung von Bildniszeichnung und Szene: Der Schlächter der Wiener Arbeiter 1934, Major Fey, legt eine Granate in eine Wiege, zwischen zwei Fingern seiner rechten Hand hält er lässig kopfunter den nackten Säugling. Ein Blatt, das gefrieren läßt, Vorahnung faschistischen Massenmordes, der vor nichts haltmacht. Ein anderes zeigt 1934 den reaktionären Pariser Polizeipräfekten Chiappe als lässig-eleganten Herrn und als Arbeitermörder. Nichts geschieht auf dem Blatt außer der Konfrontation des Chiappe, der Toten und der Silhouette von Paris – vollendete Kunst der Feststellung. Aufschlußreich ist auch ›Die Saarfrage‹ vom April 1934. Der ›Anschluß‹ wird dargestellt mittels des Klavierstimmers Hitler: ›So, das hätten wir abgestimmt. Jetzt kommt Elsaß-Lothringen dran.‹ Hier entfaltet sich die besondere Fähigkeit Hoffmeisters, mit seinen Mitteln die faschistische Phraseologie zu demontieren. Der Klavierstimmer trägt Stiefel, breithintrig sitzt er da, mit dem Gesicht eines Trickbetrügers – gerade durch ihre Beiläufigkeit genau treffende Details und Hieroglyphen. Seine Kunst der überlegten linearen Arabeske, der in sie eingebundenen hinweisenden Dinge und Kürzel mußte Hoffmeister in den dreißiger Jahren nicht grundsätzlich verändern. Was aber hinzukam und seine Zeichnung bereicherte, ist ihr kämpferischer Schwung, sind die durch Themen und Motive vermittelten streitbaren Entgegensetzungen in den Blättern.

Beeindruckend ist die neue thematische Fülle: die Attacke auf die Versöhnungspolitik der europäischen Westmächte gegenüber Nazideutschland, die Warnung vor dem Krieg als Illustration zu einem eigenen Gedicht, die Satire auf die Gleichschaltung der Kunst in ›Deutschland – das kunstsinnigste Land der Welt‹. Gleichzeitig entstand aber auch das Bildnis von Picasso, der, das Guernica-Bild malend, die Wahrheit künstlerisch in die Welt bringt. Hoffmeister hatte ihn in eben jenen Wochen in Paris besucht. Er notierte damals: ›Es ist kennzeichnend für die Zeit der theoretischen Streitigkeiten im Schatten der Ereignisse, daß ein so ausschließlich formbetonter Künstler, der so leicht die Wirklichkeit dem Bild opfert, mit kompromißloser selbstherrlicher Aktion erkennt, daß dem Bürger der Freiheit sich der Pinsel in der Hand zur Waffe verwandelt ... Picasso ... bekennt sich zum Dienst an der Freiheit.‹ Auch auf diese Weise und mit vielen anderen Arbeiten ist Hoffmeister in den dreißiger Jahren engagierter Chronist seiner Zeit und seiner Zeitgenossen, auch der revolutionären Wandlungen unter der künstlerischen Intelligenz angesichts des Faschismus. Aufschlußreich ist die Veränderung seiner eigenen geistvollen Europa-Karte, die er 1932 für das ›Osvobozené divadlo‹ entworfen hatte. 1937 wurde aus der koketten, leicht entblößten Frauenfigur, in die Hoffmeister Europa verwandelt hatte, unter anderem das verwundete Spanien, das gestiefelte Italien, die Tschechoslowakei ist die Sicherheitsnadel zwischen Ost und West – nur wenige Monate trennen noch vom Münchener Verrat der Westmächte an der Tschechoslowakei. Wir sehen aus den Arbeiten Hoffmeisters bestätigt, was Alfred Kerr 1935 im Vorwort zu der Karikaturenbroschüre ›Juden, Christen, Heiden im III. Reich‹ schrieb: ›Auch der Spaß kann ‚feststellen, was ist'. Was der Nazi (trotz einer gestumpften, vergessenden, sich gewöhnenden Welt) bleibt... Jede Form ist heute recht. Sogar die hoffnungslos scheinende – sie braucht nicht hoffnungslos zu sein... Jedes Lachen als Anklage. Jede Heiterkeit als Angriff.‹

Auch im amerikanischen Exil setzte Hoffmeister seine antifaschistischen Karikaturen fort. Einige bleiben dem bisherigen Stil treu, andere sind durch neue Ausdrucksmittel gekennzeichnet. Bei ›Madame Laval‹, die als Pariser Bordellmutter Hitler die entblößte ›Marianne‹ anpreist, ist die selbstherrliche Arabeske aufgefüllt mit farbigen Flächen und plastischer Modellierung der Figuren mittels Schraffuren, mittels Licht und Schatten. Fast genrehaft geworden, entfernt sich Hoffmeister mit diesen und ähnlichen Arbeiten von seiner bisherigen Praxis. Mit anderen Künstlern teilt Hoffmeister den Zwang zu noch mehr massenwirksamer Verdeutlichung. Eine neue Seite deutet sich an, die erst nachträglich wie ein Bindeglied zu den Collagen der fünfziger und sechziger Jahre wirkt.

Collagen – Imagination und Wirklichkeit

Ende der fünfziger Jahre vollzog sich im Schaffen Hoffmeisters ein beeindruckender Wandel, getragen von einer außerordentlichen Bereicherung der Sprachmittel als Instrumente entfesselter Phantasie. Ausgangspunkt dieser Veränderungen sind die Illustrationen zu Jules Vernes ›Reise um die Welt in 80 Tagen‹. Längere Zeit hatte Hoffmeister sich mit Zeichnungen dazu versucht, aber keine der Skizzen befriedigte ihn. ›Schließlich entschloß ich mich, in Collagen mit dem stets wiederkehrenden Leitmotiv der Uhr, die unerbittlich die Zeit mißt, das elastische Gestaltungselement zu suchen, das dem Spiel mit den Einfällen unterworfen und das fähig ist, sich zerschlagen zu lassen durch die gegenwärtige Zeichnung, die leichten Sinnes und vielleicht ausschweifend sich vereint mit der schreienden volkstümlichen Naivität der Farbe der rohen Poesie harter Gegensätze... Ich spielte, provoziert durch den herausfordernden Kontrast der Epochen...‹

Dazu muß man wissen, daß Hoffmeister schon lange von Jules Verne angezogen war. Dessen überquellende Phantasie, sein Humor und vor allem jenes Zukunftselement mußten dem einstigen Devětsil-Künstler nahe sein. In Hoffmeisters Aufsatz ›Karikatur und Poesie‹ heißt es an einer Stelle nicht zufällig, ›seien wir einmal zukünftig‹. Dieser Satz, in Verbindung gebracht mit den alten Holzstichen, die Hoffmeister aus Zeitungen und Zeitschriften des 19. Jahrhunderts entnahm, zumal ihren Inseraten, die ihm als Versatzstücke dienten, mag irritieren. Die Xylographien sind aber nicht genau aus der Zeit Jules Vernes, aus dem Jahre 1872. Darum ging es Hoffmeister auch nicht. Sie sollten vielmehr synthetisch ›das 19. Jahrhundert‹ ausdrücken: seine bürgerliche Requisitenwelt, all das, womit sich diese Gesellschaft an Dingen der Nähe und der Ferne umgab, die ihr das um den Erdball jagende und alle Hindernisse überwindende Kapital verschaffte.

In jedem Bild der Jules-Verne-Serie kehren diese Dinge und Erscheinungen eines vergangenen Jahrhunderts wieder in eigentümlichem Kontrast mit der rastlos ablaufenden Uhr. Was ergeben die Träume und Entwürfe Jules Vernes wirklich, worin äußert sich tatsächlich sein Verzaubertsein vom Glauben an den Anfang eines neuen Zeitalters? Indem alles, was auf dem Erdball existiert, verfügbar wird, dem Reisenden die Raum- und Zeitbarrieren zusammenschmelzen? Ja und nein.

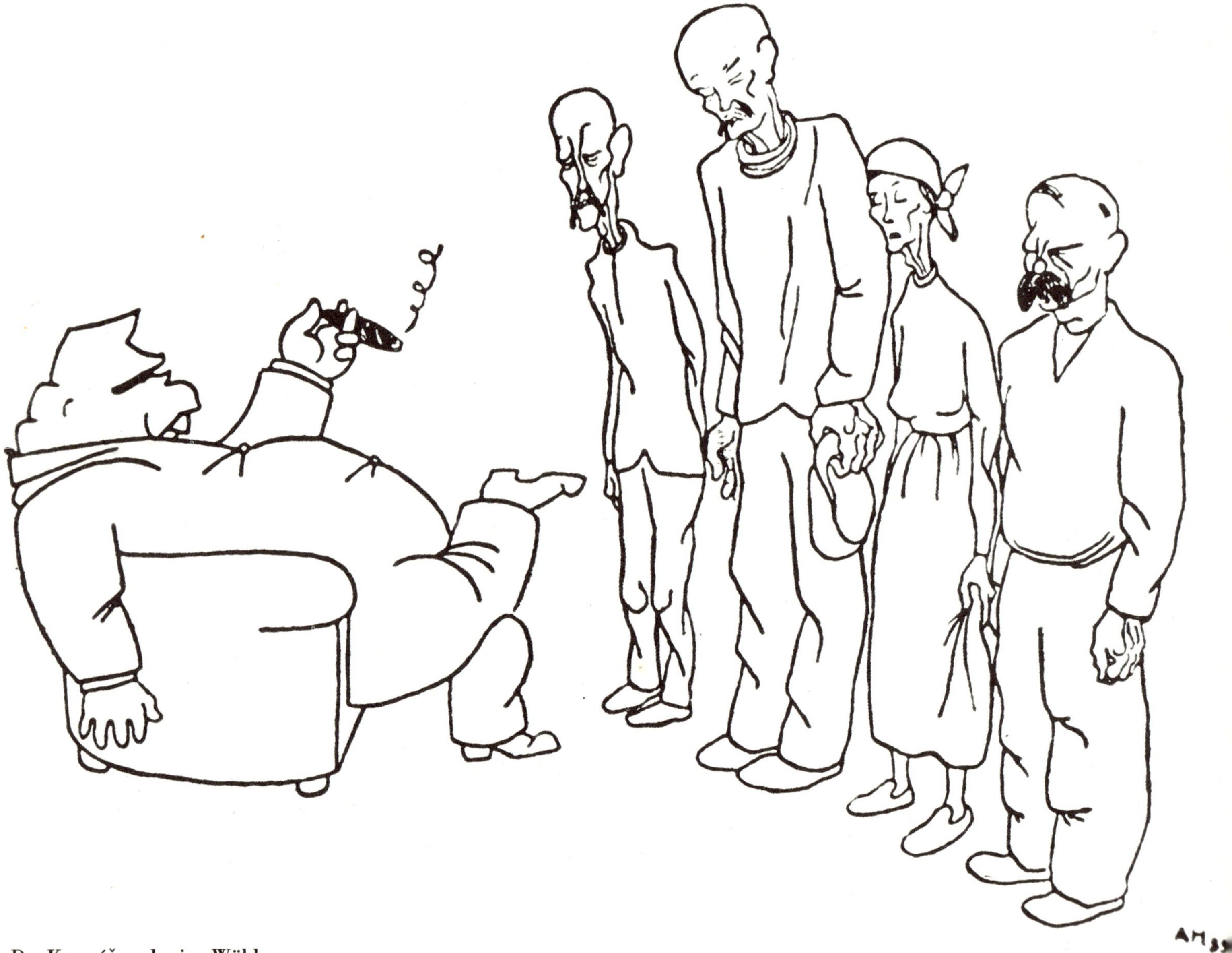

Dr. Kramář und seine Wähler

Hoffmeisters Verhältnis zu Verne und seiner bürgerlichen Welt geht in dieser einfachen Rechnung nicht auf. Was er vor allem freilegen will, ist ihr in Jules Verne verkörpertes und das die momentanen Verhältnisse überschreitende Pathos der Dynamik und der Entdeckung, ist die Poesie des in die Gegenwart einholbaren und doch ihr immer wieder vorauseilenden Zukünftigen. Es ist das Recht der vorausträumenden Phantasie, nicht die, wie es Hoffmeister selbst nannte, ›bürgerlichen Requisiten eines versäumten Fortschritts‹. Insofern transponiert die Collage den Verneschen Roman aus dem Jahr 1872 in die Gegenwart von 1960, erneuert sie nicht das Einzelne, Zufällige des Seinerzeitigen, so sehr sie es benützte, sondern die immer wieder begeisternde, entgrenzende Atmosphäre des Geschehens. Hoffmeister stellte sich auch die Frage nach dem Verhältnis von Wissenschaft und Künsten im Vergleich von Gegenwart und 19. Jahrhundert. Seiner Meinung zufolge hinken diese nunmehr jener hinterher. Daraus entstand ein Ansporn, der die künstlerische Technik und vor allem die Bildphantasie entfesseln sollte. Tatsächlich gehören die Verne-Illustrationen zu den gestalterisch üppigsten Hoffmeisters überhaupt: Collagen, zeichnerische Raster, knallige Farbflächen, die präzisen linearen Kürzel, die der Kennzeichnung der Haupthelden und der Verknüpfung der einzelnen Elemente dienen; fixe, stets wiederkehrende Zeichen und immer wieder neu eingeführte Formen. All dies im ständigen Umschlag von Vergangenem in Gegenwärtiges oder Zukünftiges, im beharrlichen Wandel von Poesie zu Humor und zurück.

Das Resultat dieser Anstrengung wurde für Hoffmeisters Werk der sechziger Jahre folgenreich: ein imaginärer Bildraum, der die beständige Metamorphose von der Collage in die Zeichnung und umgekehrt ermöglichte, die Montage verschiedener Zeiten und Wirklichkeiten, von abstrakten Rastern und Arabesken, gestrigen und heutigen Objekten. Daraus entstand eine eigene Handlungswelt der Figuren und Dinge und Formen, die Vergnügen wie Pathos ergab, groteske Distanz wie kunstvoll naive unmittelbare Nähe.

Natürlich war sich der viel reisende Hoffmeister auch des künstlerischen Zusammenhanges seiner Collagen bewußt. In den zwanziger Jahren schon tauchten vereinzelt Collage-Elemente in einigen Bildnissen (Chesterton, Quint) auf. Ihre spielerische Einfügung gibt zu erkennen, daß Hoffmeister unter den Devětsil-Künstlern eine gewisse Sympathie für Dada aufbrachte. Vor allem aber kannte er die surrealistische Collage, zumal die von Max Ernst, auch die seiner tschechischen Künstler-Freunde Jindřich Štýrský und Marie Toyen. Letztere schuf 1935 den Collage-Umschlag zur tschechischen Ausgabe der ›Kommunizierenden Röhren‹ von André Breton. Hoffmeisters Bildnis von Max Ernst (1934) bediente sich der bereits von Ernst wiederentdeckten Xylographien. Seither wußte er um die metamorphorischen Möglichkeiten der Collage, die alles gegeneinander entfremden und dadurch eine neue Bildwirklichkeit entstehen lassen kann. Diese surrealistische Collage legte Obsessionen, Ängste, Bedrängnisse frei, die Untergründe der bürgerlichen Welt, jene ›Ruinen der Bourgeoisie‹, ihre zerfallenden Wunschwelten, von denen Walter Benjamin sprach und die der Surrealismus entblößte. Alle Dinge erhielten eine neue, bestürzende Lebendigkeit im kombinatorischen Spannungsfeld von dramatischer Zuspitzung und spielerischer Freiheit der unerschöpflichen Vision. Nur letztere aber nahm Hoffmeister auf, technisch auch die schon Max Ernst geläufige Kombination von Zeichnung und Collage. Sie wird neben der reinen Collage für Hoffmeisters Spätwerk prägend. Seit Anfang der sechziger Jahre entstehen seine absurden Bildgeschichten, Parodien auf Literatur und Theater, auch seine ähnlich gelagerten ›Science-fiction‹-Bilder, in denen immer wieder der ironische Unterton, für Hoffmeister seit jeher charakteristisch, durchschlägt. Gerade dort, wo er den surrealistischen Collage-Romanen von Max Ernst am nächsten steht, in den Zyklen ›Das Unglück der kleinen Sofie‹ und ›Abenteuer des kleinen Matrosen‹.

Parallel zur Collage entdeckte Hoffmeister 1959 noch ein anderes Verfahren für sich. Anläßlich eines Aufenthaltes in Sotschi faszinierte ihn der Vergleich des abchasischen Schriftbildes mit der Natur, zumal der Bergformation des Kaukasus. Resultat war eine typographische Landschaftsfolge, die sich schon in den ornamentalen Tuschzeichnungen zu ›Made in Japan‹ von 1958 angekündigt hatte. ›Als ich die abchasischen gedruckten Zeitungen sah, fesselten mich die Schriftzeichen, die an Weinrebenstämme erinnerten oder an Zypressen und Knieholz. Die Seiten mit ihren Schriftzeichen wellten sich wie die Wälder oder Weinberge im Meereswind. Es schien mir einfach, als seien die Buchstaben des Volkes, das in dieser Landschaft lebt, direkt aus den Formen seiner Heimat abgeleitet.‹ Hoffmeister

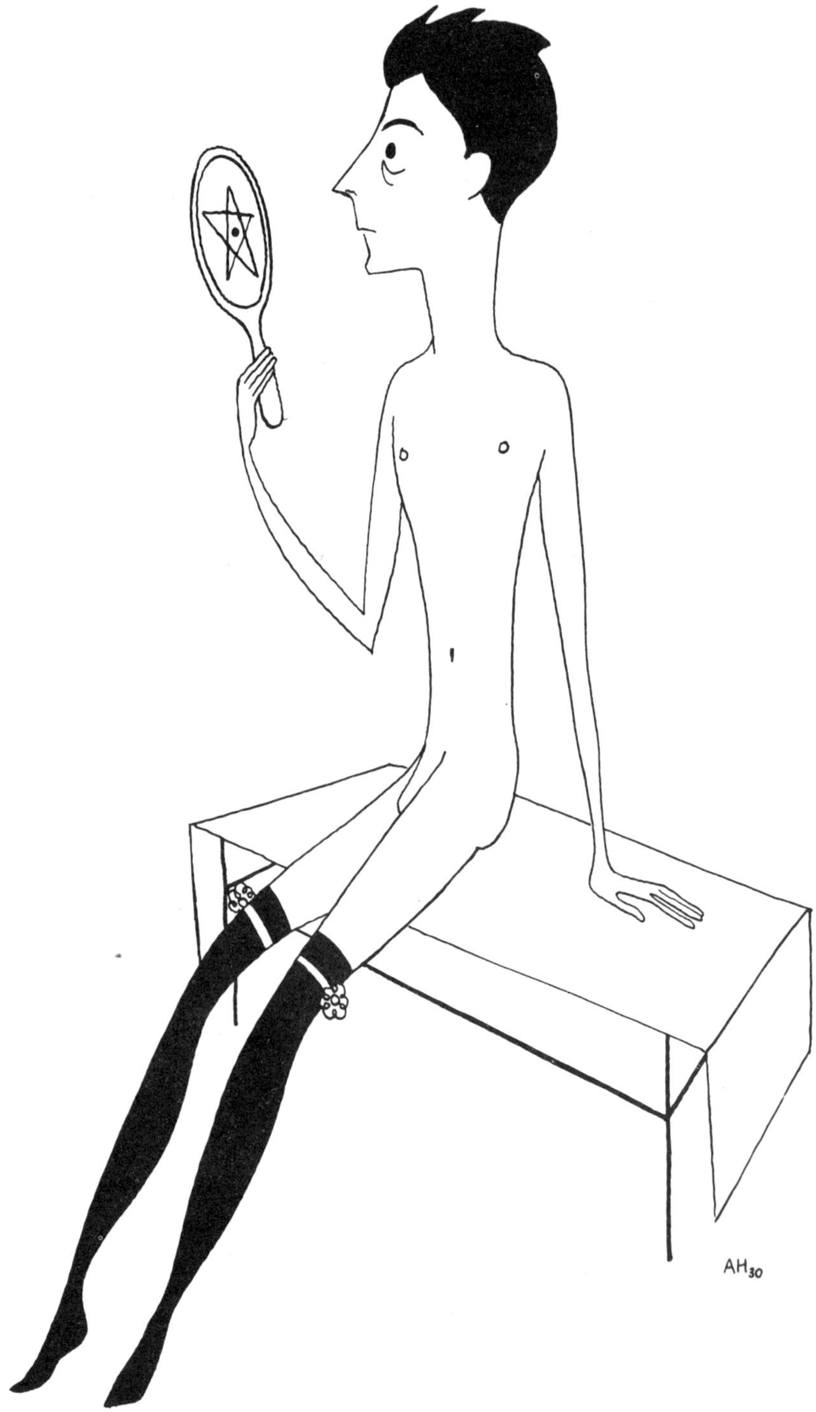

Jean Cocteau

begann diese Schriftzeichen auszuschneiden. Er fügte sie neu zusammen mit seinen ergänzenden Linien zu unverwechselbaren Landschaftsbildern von Nähe und Ferne. So entstanden, in der graphischen Collage, neue Bildräume von einer poetisierten Realität. Sieht man aufmerksam hin, dann ist in diesem geistvollen Spiel, worauf Lamač verwies, auch das kubistische Erbgut verborgen, nämlich die kubistische Collage mit ihren ›plans superposés‹.

Mit beiden Mitteln, die ihm seither ergänzend zu den bisherigen zur Verfügung standen, den Holzstichen und der Typographie, im Verein mit seiner arabeskenhaften Linienkunst, entstanden seit Anfang der sechziger Jahre weitere Folgen von Landschafts- und Städtebildern, zauberische Kombinationen von Bildreportagen, die Gegenwart und Geschichte miteinander verknüpfen: Alltag und künstlerische Besonderheiten im beständigen Umschlag von Wirklichkeit in Poesie und Karikatur zur neuen imaginativ gesteigerten Bildwirklichkeit. Hoffmeister war nicht verborgen geblieben, daß seine Collagen parallel entstanden zu den Experimenten von Pop Art und Nouveau Réalisme. Die ›Moulin-Rouge‹-Folge und die ›Londoner Vorstädte‹ beispielsweise haben bei aller Eigenart der Hoffmeisterschen naivistischen Verfremdung auch eine Spur jener Brutalität westlicher Großstädte und ihrer schreierischen Reklamewelt aufgenommen. Sie sind offenkundig ein souveräner Dialog mit der Pop Art und deren Häufungen alltäglicher Banalitäten, anders aber durch den bezeichnenden Schuß Ironie, durch Spuren absurder Verknüpfungen als Distanzmittel zur uneingeschränkten Bejahung dieser Zivilisation. Hoffmeisters Illustrationen zu Ilja Ehrenburgs ›Julio Jurenito‹ wurden schließlich seine persönlichste Version zu Pop Art. Gerade durch den Zusammenhang mit den eigenen poetistischen Anfängen im Devětsil wahren sie die besondere Atmosphäre des Ehrenburgschen Romanes: jenen linken Romantismus der frühen zwanziger Jahre, jenen ein wenig anarchisch getönten Revolutionstraum, der seine Parodie nicht aus-, sondern gerade einschloß.

Es ist bezeichnend, daß die aggressive politische Satire nur einen Teil des Schaffens von Hoffmeister ausmachte. Weitaus mehr reizte ihn die Absurdität von Phänomenen und Situationen. Aber auch von Dada ist er abzugrenzen, denn letztlich ist allen Werken jenes Anliegen der ›Vermenschlichung‹ eigen, das Hoffmeister aus dem Devětsil-Programm stets zu bewahren wußte. Vielleicht darf man sagen, daß es der menschliche Traum vom Glück ist, der seiner Bildpoetik zugrunde lag. Daher auch die persönliche Synthese von Poesie und treffsicherer Karikatur, die er an die sozialistische Perspektive band, daher das Spielerische, die Bereitschaft, sich von Menschen und Dingen verzaubern zu lassen und dies geistvoll mitzuteilen, daher die Freundlichkeit und die Ironie in seiner Bildkultur, die ihn zu einem der großen Bildniszeichner des 20. Jahrhunderts werden ließen.

Harald Olbrich

Das Unglück des kleinen Matrosen

Biographische Daten

1902 wird Adolf Hoffmeister am 15. August in Prag geboren.

1918 am 1. Mai demonstrieren Hoffmeister und weitere Mitschüler des Realgymnasiums in der Křemencova ulice gemeinsam mit den Arbeitern.

1919 Abschluß des Realgymnasiums.

1920 wird am 5. 10. der Umělecký Svaz Devětsil (später Svaz moderní kultury Devětsil) gegründet, erster Vorsitzender der Schriftsteller Vladislav Vančura, Schriftführer Hoffmeister.

1921 Aufenthalt in Berlin, Hoffmeister berichtet von einer Van-Gogh-Ausstellung. Gemälde Stilleben mit Flugzeug.

1922 erste Reise nach Paris, Begegnung unter anderem mit Tristan Tzara, Philippe Soupault, Le Corbusier und mit in Paris lebenden tschechischen Künstlern, erlebt das Auftreten der Surrealisten. In diesem Jahr hört er auf zu malen. Beteiligt mit Gemälden, Zeichnungen und Linolschnitten an der Frühjahrsausstellung von Devětsil, dem ersten bedeutenden bildnerischen Auftreten der Vereinigung.

1924 studiert er ein Semester in Cambridge.

1925 Dr. jur. an der Prager Karls-Universität und Beginn der karikaturistischen Arbeit.

1926 Gedichtsammlung ›ABC der Liebe‹ und Roman ›Der Wendekreis des Steinbocks‹.

1927 Detektivgeschichte ›Ein Mann wird gesucht, der genügend Zeit hat‹. In diesem Jahr veröffentlicht Hoffmeister auch das Buch Hors d'œuvre mit Feuilletons, Epigrammen, Karikaturen und Bildniszeichnungen (unter anderem von Ilja Ehrenburg, dem japanischen Maler Foujita, Jean Cocteau, Man Ray und Josef Šíma), die erste Ausstellung dieser Bildnisse wird in Prag eröffnet. Hoffmeister wird Mitglied des SVU Mánes. Durch die Vest Pocket Revue angeregt, die in diesem Jahr Jindřich Voskovec, Jan Werich und Jindřich Honzl im Osvobozené divadlo (Entfesseltes Theater) aufführen und das sie und Hoffmeister als moderne Version der Commedia dell'arte verstehen, beginnt Hoffmeisters Zusammenarbeit mit diesen.

1928 Ausstellung seiner Bildniszeichnungen in der Pariser Galerie d'Art Contemporain (Katalogvorwort Philippe Soupault, Ausstellungseröffnung Wladimir Majakowski) und in der Brüsseler Galerie d'Epoque (Katalogvorwort Georges Ribémont).

1929 Seit 1929 beteiligt sich Hoffmeister auch aktiv an der Arbeit der in diesem Jahr gegründeten Levá Fronta (Linksfront), die nahezu alle kommunistischen und progressiven Schriftsteller, Künstler, Architekten, Musiker usw. der Tschechoslowakei vereinigte. Hoffmeister schließt sich wie auch andere revolutionäre Intellektuelle dem Aufruf von Julius Fučik an, die unter Klement Gottwald neuformierte KPČ zu unterstützen; verstärkte politische Publizistik.

1932 zeitweilige Rückkehr zur Malerei, Hoffmeister beteiligt sich an der legendären Ausstellung ›Poesie 1932‹ im SVU Mánes, er nimmt an der Ausstellungseröffnung aktiv Anteil mit einem Versbeitrag, in dem er auch die Sowjetunion und die Komintern grüßte. In diesem Jahr auch die Uraufführung seiner Goldoni-Adaption, das Singspiel mit Tanz ›Singendes Venedig‹.

1934 Organisator der I. Internationalen Karikaturenausstellung im SVU Mánes, der ersten großen antifaschistischen Demonstration der bildenden Künstler, die wütende Reaktionen der Faschisten hervorruft. 1934 und 1935 entsteht die bedeutende Reihe seiner antifaschistischen Zeichnungen für den in Prag von tschechischen und deutschen antifaschistischen Künstlern gemeinsam gestalteten ›Simplicus/Der Simpl‹. Hoffmeister nimmt in diesem Jahr auch in der tschechoslowakischen Delegation am I. Kongreß der Sowjetschriftsteller in Moskau teil.

1939 Emigration aus der von den deutschen Faschisten okkupierten Tschechoslowakei nach Frankreich, dort als ›Agent Moskaus‹ von der Daladier-Regierung kurze Zeit verhaftet, nach Ausbruch des II. Weltkriegs wie viele progressive Emigranten interniert, gelangt auf abenteuerlichen Wegen über Marokko, Portugal und Kuba in die USA, wo er weiterhin publizistisch und mit seinen Zeichnungen antifaschistisch wirksam ist.

1941 erscheint sein Buch über die Flucht aus dem von den Faschisten unterjochten Europa ›The Animals are in cages‹ (tschechisch dann 1946).

1943 gemeinsame Ausstellung mit seinem Kampfgefährten Antonín Pelc im New-Yorker Museum of Modern Art (diese Ausstellung wird 1944 auch in London und anderen englischen Städten gezeigt). In diesem Jahr auch Premiere seines Schauspiels ›Das Pfeifchen des Blinden oder Lidice‹ in der Regie von Honzl und mit der Ausstattung von Pelc, Musik Jaroslav Ježek.

1945 bis 1947 ist der zurückgekehrte Hoffmeister tätig im Informationsministerium und verantwortlich für die kulturellen Beziehungen mit dem Ausland, er wird tschechoslowakischer Delegierter bei der UNESCO.

1948 bis 1951 wirkt er als tschechoslowakischer Botschafter in Paris.

1952 Rückkehr nach Prag und Aufnahme der Lehrtätigkeit als Professor für Filmgraphik an der Kunstgewerbe-Hochschule (VŠUM-PRUM).

1954 erscheint sein Buch ›Kuo-Chua. Cestopisná

reportáž o čínskem umění (1967 deutsch: Guo-hua oder die chinesische Malerei).

1955 erscheint seine Geschichte der tschechischen Karikatur, noch immer ein Standardwerk: Sto let české karikatury.

1956 veröffentlicht Hoffmeister das Buch seiner Reportagen für Kinder mit eigenen Illustrationen.

1958 entstehen die Illustrationen zu seinem in diesem Jahr veröffentlichten Buch ›Made in Japan‹, ebenso erscheint seine Reportage vom Kongreß über Abrüstung und Zusammenarbeit der Völker in Stockholm vom 16. bis 22. Juli (mit eigenen Zeichnungen). In diesem Jahr beginnt Hoffmeister an den 1959 abgeschlossenen Illustrationen zu Jules Vernes ›Reise um die Welt in 80 Tagen‹; ein Wendepunkt in seinem Schaffen durch die Aufnahme der Collagetechnik.

1959 entstehen während eines Aufenthaltes in Sotschi Hoffmeisters typographische Landschaften aus dem Kaukasus, ausgelöst durch den ihn faszinierenden Vergleich von Landschaft und Schriftbild.

1961 bis 1963 entstehen ganze Serien von Landschaftsveduten, teils als Collagen, teils unter Verwendung des 1959 entdeckten Verfahrens der typographischen Landschaft: ›Sizilien‹, ›Karlovy Vary‹, ›Das sozialistische Prag‹, ›Londoner Vorstädte‹ und andere.

1961 wird eine Ausstellung seiner Arbeit in Berlin eröffnet, das Katalogvorwort schreibt John Heartfield, der sich Hoffmeister und anderen tschechischen Karikaturisten seit den Jahren des gemeinsamen antifaschistischen Kampfes verbunden wußte.

1964 wird Hoffmeister Vorsitzender des tschechoslowakischen Künstlerverbandes, in diesem Jahr entstehen die Collage-Illustrationen zu Ilja Ehrenburgs ›Julio Jurenito‹.

1964 in Paris erscheint ›Visages écrits et déssinés par Adolf Hoffmeister‹, mit einem Geleitwort von Jean Effel.

1966 erscheint im Verlag der tschechoslowakischen bildenden Künstler die bis heute immer noch umfassendste Monographie über Hoffmeister von Miroslav Lamač: ›Výtvarné dílo Adolfa Hoffmeistra‹.

1973 am 24. Juli stirbt Adolf Hoffmeister in Řičky v Orlických Horach.

Verzeichnis der Abbildungen

Bei den Maßen steht die Höhe vor der Breite, alle Angaben in cm.

Tuschezeichnung, Collage. 33 × 24,5

30 Illustrationen zu: Jules Verne, Reise um die Welt in 80 Tagen. 1959 Tuschezeichnung, Collage. 33 × 24,5

31 Illustration zu: Jules Verne, Reise um die Welt in 80 Tagen. 1959 Tuschezeichnung, Collage. 33 ×24,5

32 Illustration zu: Ilja Ehrenburg, Julio Jurenito. 1964 Kolorierte Tuschezeichnung, Collage. 30,5 × 43

33 Illustration zu: Ilja Ehrenburg, Julio Jurenito. 1964 Kolorierte Tuschezeichnung, Collage. 30,5 × 43

34 Illustration zu: Ilja Ehrenburg, Julio Jurenito. 1964 Kolorierte Tuschezeichnung, Collage. 30,5 × 43

35 Illustration zu: Ilja Ehrenburg, Julio Jurenito. 1964 Kolorierte Tuschezeichnung, Collage. 30,5 × 43

36 Straße durch die Sahara. Illustration zu: Blick von Pyramiden. 1959 Tuschezeichnung, Collage. 33 × 44

37 Puppentheater in Taormino. 1961 Tuschezeichnung, Collage. 30 × 42

38 Gagra (Typographische Landschaft). 1959 Tuschezeichnung, Collage. 41 × 43,5

39 Rio de Janeiro. Illustration zu: Wolkenkratzer im Urwald. 1962 Tuschezeichnung, Collage

40–41 Die Tapete des Tapezierers (Der rote Tod). 1943 Kolorierte Tuschezeichnung

42 Stilleben mit Aeroplan. 1921 Öl, 59,5 × 43,5

43 Engel über das Wasser. 1922 Öl. 50 × 39

44 Seelandschaft. 1921 Öl. 47,5 × 61,5

45 Schiff des Kolumbus. 1921–1922 Öl. 60 × 44,5

46 Stadt mit Brücke. 1921 Öl. 58,5 × 82

47 links: Sergej Tretjakow. 1934 Kolorierte Tuschezeichnung, Collage. 60 × 44 rechts: Louis Aragon. 1934 Kolorierte Tuschezeichnung, Collage. 60 × 44

48 Fernand Léger. 1955 Tuschezeichnung, Collage. 43 × 40

49 Vítězslav Nezval. 1929 Tuschezeichnung, Collage. 58,3 × 43

50 Die Nacht. 1932 Öl. 48,5 × 29

51 links: James Joyce. 1928 Tuschezeichnung, Aquarell rechts: Josef Šíma. 1928 Tuschezeichnung, Aquarell. 44 × 30

52 links: Boris Pasternak. 1934 Tuschezeichnung, Collage. 60 × 44 rechts: Tristan Tzara. 1931 Kolorierte Tuschezeichnung. 40 × 30

53 Ilja Ehrenburg in Paris Kolorierte Tuschezeichnung, Collage. 28 × 17

54 links: Voskovec + Werich: ›Spanisches Land möge ich so sehr...‹. 1936 Kolorierte Tuschezeichnung rechts: Demjan Bjedny. 1934 Tuschezeichnung, Collage. 60 × 44

55 Karel Čapek, der Gärtner. 1934 Kolorierte Tuschezeichnung. 51 × 36,5

56–57 Die Vororte von London. 1963 Collage. 70 × 100

58 Bohuslav Martinů. 1946 Kolorierte Tuschezeichnung. 44 × 28

59 links: Jaroslav Ježek dirigiert im ›Befreiten Theater‹. 1929 Kolorierte Tuschezeichnung rechts: Toyen. 1930 Kolorierte Tuschezeichnung. 40 × 32

60 Jaroslav Seifert. 1930 Tuschezeichnung, Aquarell. 60 × 44

61 Illustration zu: Jules Verne, Reise um die Welt in 80 Tagen. 1959 Tuschezeichnung, Collage. 36 × 24,5

62 Spanische Corrida. 1937 Kolorierte Tuschezeichnung. 38,5 × 20

63 The Yanks are coming! 1943. Tuschezeichnung, Aquarell

64 G. K. Chesterton oder Kugel und Kreuz. 1928 Tuschezeichnung, Collage. 44 × 30

65 Die seltsame Welt von Max Ernst. 1960 Tuschezeichnung, Collage. 43 × 31

66 Illustration zu: Jiří Wolker, Märchen. 1963 Kolorierte Tuschezeichnung, Collage

67 Illustration zu: H. G. Wells, Die ersten Menschen auf dem Mond. 1963 Tuschezeichnung, Collage. 32 × 45

68 Illustration zu: Miloš Macourek, Giraffe und Tulpe. 1963

Kolorierte Tuschezeichnung, Collage. 28 × 17

69 Marc Chagall. 1959
Tuschezeichnung, Collage. 43 × 27

70 Illustration zu: Blaise Cendrars, Das Gold. 1961
Collage. 43 × 31

71 Moulin Rouge oder sonntäglicher Dorfanger von Jacques Prévert. 1962
Kolorierte Tuschezeichnung, Collage

72–73 Der jüdische Friedhof in Prag. 1963
Kolorierte Tuschezeichnung, Collage. 70 × 100

74 Indianer aus Altiplan. Illustration zu: Wolkenkratzer im Urwald. 1962
Tuschezeichnung, Collage

75 Im Sternbild der Fische. 1963. Collage. 37 × 37

76 Die Linke von Nick Carter. 1964
Kolorierte Tuschezeichnung, Collage. 91 × 71

77 Unsere Kunst ist übererotisiert. 1964
Tuschezeichnung, Collage. 44 × 62

78 Rückkehr des Jugendstils. 1963
Kolorierte Tuschezeichnung, Collage. 42,5 × 61

79 Nick Carter. 1964
Tuschezeichnung, Collage. 43 × 30,6

80 Allzuviel ist ungesund. 1964
Collage. 22 × 58

81 Buffalo Bill. 1963
Tuschezeichnung, Collage. 89 × 63

82 Typographische Korrektur von Karel Teige. 1930
Kolorierte Tuschezeichnung

83 Joan Miró. 1959
Tuschezeichnung, Collage. 43 × 31

84 Internationaler Personenkult. 1964
Kolorierte Tuschezeichnung, Collage. 22 × 48

85 Die Beatles-Post. 1973
Collage. 56 × 35

86 Die letzte Farbe wird rot. 1973
Collage. 34,5 × 40

87 Der radioaktive Fisch. 1973
Collage. 34,5 × 40

88–89 Côte d'Azur. 1963
Collage. 70 × 100

90 Überbleibsel aus der Menschenzeit – Geschöpfe aus Gewebe. 1973
Collage. 35,5 × 62

91 Überbleibsel aus der Menschenzeit – Der Stamm der Stricker. 1973
Collage. 40 × 66

92 Franz Kafka. 1966
Tuschezeichnung, Collage. 62 × 44

93 Hodža, der Führer der Agrarpartei (Hundert Jahre der tschechischen Karikatur) Collage

94 links oben: 1914–1934. ›Ob die da unten nach 20 Jahren noch nicht wissen, wofür sie gefallen sind?‹
Karikatur aus ›Der Simplicus‹, Prag 1934, Nr. 27
rechts oben: Und Hitler sprach: ›Das deutsch gewordene Saargebiet wird die Brücke zu Frankreich sein...‹
Karikatur aus ›Der Simpl‹, Prag 1935, Nr. 4
rechts unten: Europa-Kriegspiele 1934
Mussolini: ›Zum Teufel, wann fällt denn der Startschuß?‹
Karikatur aus ›Der Simpl‹, Prag 1935, Nr. 4

95 Neuer Atlas der Anatomie. 1966
Frottage, Collage. 62 × 43

96 Eva, Lilith und Apfel. 1973. Collage. 31 × 36

97 links: Maxim Gorki. 1934
Tuschezeichnung, Collage. 60 × 44
rechts: Stille Arbeit. 1933
Kolorierte Tuschezeichnung. 60 × 44

98 Hände. 1973
Collage. 34,5 × 40

99 Das zerschlagene Leben. 1973
Collage. 35 × 40

100 Fleischerladen mit menschlichen Innereien. 1973
Collage. 34,5 × 40

101 Nach Menschen sind auf der Welt nur leere Stellen übriggeblieben. 1973
Collage. 34,5 × 40

102 rechts: Mailänder Vorspiel der künftigen Weltmeisterschaft
Karikatur aus ›Der Simplicus‹, Prag 1934, Nr. 4
links: Diener: ›Melde gehorsamst, die neue Zeitschrift Simplicus.‹
Zensor: ›Warten Sie, ich muß erst meinen Bleistift anspitzen!‹
Karikatur aus ›Der Simplicus‹, Prag 1934, Nr. 1

103 Leben und Tod. 1973
Collage. 34,5 × 40

104–105 Überbleibsel aus der Menschenzeit – Stamm der Haarigen. 1973
Collage. 36 × 62

106 Kraft der Vorstellung. 1963
Collage. 30 × 90

107 Erinnerung an die Zeit des Kolonialismus in Indien. 1961
Collage. 35 × 50

Abbildungen im Nachwort

Auswahlbibliographie

der von Hoffmeister seit 1927 illustrierten Bücher

G. K. Chesterton: Povídky o dlouhém luku, Praha 1927
G. K. Chesterton: Klub podivných živností, Praha 1927
Jules Romains: Obrozené městečko, Praha 1928
Karel Čapek: Ochrana autorů. O Proutkařství, Praha 1938
Mark Twain: Yankee na dvoře krále Artuše, Praha 1954
Jules Verne: Cesta kolem světa za 80 dní, Praha 1959
Vladimír Majakovskij: Vesele i Vážne, Praha und Bratislava 1961
Ilja Ehrenburg: Pozdrav Picassovi, Praha 1961
Karel Havlíček Borovský: Křest sv. Vladimíra, Praha 1962
Bertolt Brecht: Výhradně proto, Praha 1962
Vítěslav Nezval: Básně. Mladé letá, Bratislava 1963
Blaise Cendrars: Zlato, Praha 1964
Jiří Wolker: Pohádky, Praha 1964
H. G. Wells: První lidé na měsíci, Praha 1964
Ilja Ehrenburg: Podivuhodná dobrodružství Julia Jurenita, Praha 1965
Julian Tuwim: Tančicí Sokrates, Praha 1966

Der Verlag dankt der Familie von Adolf Hoffmeister für die freundliche Unterstützung bei der Herausgabe dieses Buches.

ISBN 3-359-00085-4

1. Auflage

Lizenz-Nr.: 540/32/86 · LSV 8146
Gesamtgestaltung: Hans-Joachim Petzak
Printed in the German Democratic Republic
Gesamtherstellung: Sachsendruck Plauen
620 746 1

0[illegible]0